내 편이 없는 자, 이방인을 위한 사회학

익숙한 세계에서 낯선 존재로 살아가기

김광기 지음

익숙한 세계에서 낯선 존재로 살아가기

내 편이 없는 자,
이방인을 위한 사회학

THERE IS NO
EXCELLENT BEAUTY
THAT HATH NOT
SOME STRANGENESS
IN THE PROPORTION

김영사

모든 위대한 문학은
두 가지 이야기 중 하나다.

여행을 떠나는 인간,
혹은
어떤 마을에 들어온 이방인의 이야기

- 레프 톨스토이

이문규 교수에게

* 이 저서는 2018년 대한민국 교육부와 한국연구재단의 지원을 받아 수행된 연구임
(NRF-2018S1A6A4A01037906)

머리말

"여행은 인간 그 자체이다. 똑같은 여정이 둘 있을 수 없다."
미국의 대문호 존 스타인벡John Steinbeck이 《찰리와 함께한 여
행Travels with Charley: In Search of America》에서 쓴 멋진 말이다. 흔
히 인생을 여행이라고 비유하기도 하지만 스타인벡은 둘은
결코 분리될 수 없는 동일체라고 선언한 것이다. 이 세상 동
일한 인간이 없듯 동일한 여정도 없다니 이 얼마나 철학적인
말인가. 각 여행은 각기 나름의 개성을, 의미를, 길을 갖는다.
그렇게 인간도 각기 나름의 개성, 의미, 길을 갖고 인생을 살
다 간다.

스타인벡의 말대로 여행이 인간이며 인간이 여행이라면,
만남과 이별은 필수다. 각 여정에선 만남과 이별이 수없이
일어난다. 모든 역사는 만남으로 이루어진다. 세계 정복자의

역사든 보잘 것 없는 필부필부의 역사든 예외 없다.

그런데 역설적이게도 만남은 친숙했던 것으로부터의 떠남이 있어야 가능하다. 남녀의 만남도 각자의 부모와 떨어짐으로써 가능하다. 만남과 헤어짐은 새로운 흥분과 기쁨을 가져오고 동시에 고통과 슬픔도 가져온다. 특히 장기간의 이별은 사별과 같다. 헤어진 자들과 함께 시간과 공간을 공유하지 못하기 때문이다. 동시에 새로이 함께한 자들과 시간과 공간을 공유하는 것은 고통을 부여한다. 심리적 부담이 그 예다. 끝없이 반복되는 만남과 떠남 그리고 헤어짐의 반복과 순환은 인간을 고통과 희열 사이, 슬픔과 기대 사이를 오락가락하게 한다. 그것이 바로 우리네 인생이다.

아일랜드의 작가 조지 버나드 쇼George Bernard Shaw는 《피그말리온Pygmalion》이란 희곡에서 등장인물 히긴스 교수의 입을 빌려 다음과 같이 말했다. "우리 모두는 야만인들savages"이라고. 그런데 나는 이 책에서 우리 모두는 이방인strangers임을 선포한다. 여정(位)의 사람, 순례의 사람. 그는 이방인이다. '여기 사람 아니죠?' 혹은 '손님' 소리를 듣는 이들이 이방인이다. '여긴 어디?', '나는 누구?' 하는 생각이 떠오르는 인간은 모두 이방인에 속한다. 그는 낯익은 곳과 사람을 떠나 낯선 곳을 방랑하는 사람이다. 혹은 낯익은 곳에서도 낯섦을 간파해내는 예민한 사람이다. 그는 고독의 사람이며, 동시에 자유의 사람이다. 그는 그의 생의 여정 속에서 자신을 하나의 섬처럼 여기는 사람이다. 하긴 섬이 아닌 곳이 어디 있을까? 우리 모두는 따로 떨어진 대해 속의 섬일 뿐이다. 크고 작은 정도의 차이만 있을 뿐이다. 대륙조차 섬일 뿐이다.

그렇게 고독한 섬이거늘, 고만고만한 섬들이 옹기종기 모여 있는 동안 섬인 줄 모른다. 고독한 줄 모른다. 그리고 마냥 행복해한다. 그러나 '난 이렇게 행복해!' 하는 표정으로 SNS에 올린 사진은 사실은 행복하지 않음을 반증하는 것이다. 행복은 그런 것이 아니다. 웃는 자의 마음속엔 슬픔과 공허가 자리 잡고 있을 뿐이다. 안전제일 푯말을 대문짝만하게 내다 붙인 공사장엔 사실 안전이란 없듯이 행복해하는 표정은 정작 행복이 없음을 드러내는 아이러니다.

행복한 집, 잘 가꾼 화단, 가장 진솔한 미소도 종국에는 다 사라진다. 시간이 지나면 흔적도 없이 사라질 것이다. 그리고 아무도 나를 기억하지 못할 것이다. 오직 영원한 것은 모든 것이 영원하지 않다는 서글픈 진실, 그것밖에 없다.

여행은 아무리 좋은 것이라 해도 고단한 것이다. 집처럼 좋은 곳은 없다. 그래서 긴 여행에서 우리는 집으로, 고향으로 돌아가려 한다. 인생의 여정이 끝나면 우리는 어디로 돌아가야 하는가? 우리가 가야 할 집은, 고향은 어디인가? 아니, 여기까지 생각은커녕 아예 돌아갈 생각, 헤어질 생각을 안 하는 이들이 부지기수다.

그러나 떠날 때 떠날 줄 알아야 한다. 놓을 때 놓아야 진실한 인간이고, 그래야 그간 저질렀던 수많은 실수를 최대한 줄이고 만회하며 그때까지 쌓은 것들 중 그나마 보람 있는 것의 일말이라도 지킬 가능성이 생긴다. 그럴 수 있는 자가 현자다.

"나를 묻을 때, 어떠한 기념물도 만들지 말고 내 양손을 밖으로 내고 몸만 묻어라. 그렇게 해서 온 세상을 가졌던 사람도 죽을 땐 빈손으로 간다는 것을 천하가 알게 하라." 세상을 제패했던 알렉산드로스Alexandros대왕이 죽으면서 남긴 마지막 말이란다.

우리는 어디서 왔다가 어디로 가는가? 우리는 무엇을 가지고 오고 무엇을 가지고 가는가? 빈손으로 왔다가 빈손으로 가는 게 우리네 인생이거늘 우리는 그것을 올곧게, 명징하게 인식은 하고 살고 있는가? 아니 간다는 것조차 새까맣게 까먹고 사는 것은 아닌가? 나와 관계된 것들과 헤어진다는 것은 눈곱만큼도 생각지 않고 사는 것은 아닌가?

이 세상 어느 누구보다 많이 가지고, 많은 세상을 가보고, 많은 사람을 굴복시키고, 부러울 것이 없던 사람 알렉산드로스가 남긴 말은 한편으로 너무나 헛헛하고 다른 한편으로 뜨

끔하기만 하다.

앞서 언급한 스타인벡은 1960년 미국 34개 주를 숙식할 수 있게 개조된 트럭을 타고 4개월간 여행했다. 차의 이름은 돈키호테의 애마 이름인 '로시난테Rosinante'로 지었다. 유일한 동행자는 프랑스어만 알아듣는 찰리라는 개 한 마리. "여자임을 스스로 기뻐하는 아내"는 동행을 하지 않았단다. 감히 스타인벡 같은 거장에 나 같은 일개 티끌이 비할 바 있는 게 없겠으나 두서너 가지 비슷한 점이 있다는 것을 발견하고 쓴웃음이 나왔다. 하나는 "아내는 남자를 원하는 것이지 결코 나이 먹은 어린아이를 바라는 게 아니라는 것"이다. 나는 '3식이'를 포기하고 수시로 학교 연구실로 쫓겨나야 했다. 내 아내를 욕하는 게 아니다. 도시락 싸서 보내줘서 다들 부러워했으니까.

다른 하나는 58세 나이에 미국 횡단을 계획하던 스타인벡에게 사람들이 그랬단다. 무리하지 말라고, 청춘이 아니라고. 나도 비슷한 나이인 데다 책을 출간한 지 1년도 안 돼 또다시 이 책의 원고를 쓰는 터라 주위에서 그런 소리를 수시로 들었다. 무리하지 말라고. 마지막 하나는 스타인벡은 그 여행이 자신이 감당하지 못할 만큼 힘들다는 것을 알게 된다면 그때야말로 자신이 이 세상을 떠날 때가 됐을 때라고 생각했다는 점이다. 나도 이 정도도 쓸 여력이 없어진다면 쓰다가 바람처럼 가도 좋다는 마음이 있었다. 다른 수많은 이들과 달리 이 세상에 대한 미련은 없다.

이 책은 처음으로 행복한 마음으로 쓴 책이다. 물론 고통도 따랐다. 집필 막바지엔 강의도 많았고 힘들었다. 의외의 복병을 만나 맘고생이 심하기도 했다. 책을 쓸 땐 늘 그렇듯 이도 흔들거렸고, 양팔의 인대도 늘어나는 등 부상 투혼을 발휘해야 했지만 어쨌든 행복감 가운데 책을 마쳤다. 아마도 언젠간 꼭 쓰겠다고 마음먹었던 것을 쓰는 데서 오는 행복감이었던 것 같다. 나는 이방인으로서 산소와 햇볕 충만한 숲속을 거니는 착각과 환영 속에서, 그런 상쾌한 마음으로 컴퓨터 앞에 앉아 자판을 날마다 두드렸다. 이제 이 자판 앞에서도 떠나야 할 시간이다.

앞으로 내게는 어떤 만남과 헤어짐이 기다리고 있을까? 그것이 궁금하고 설렌다.

2021년
꽃들이 지천으로 피는 어떤 봄날

김정기

완전한 타인과 친구가 될 수 있을까˙

이방인을 경계하라?

낯선 이를 피하라! 이것은 동서고금을 막론하고 지켜야 하는 일종의 경구가 되어버렸다. 특히나 어린아이가 있는 부모는 자녀에게 낯선 이가 접근해오면 반드시 피하라고 가르친다. 어른이 되어서도 어릴 때 교육받은 대로 낯선 이, 즉 이방인은 무턱대고 의심부터 해야 하는 요주의 인물로, 절대로 믿어서는 안 되는 존재로 자리매김한다. 그래서 자연스럽게 이방인은 친구가 될 수 없는 존재로 구별하며 어쩌다 그들과

• 이 프롤로그는 《매거진 G》(김영사 2호)에 실린 필자의 글 중 일부를 포함해 새로 작성한 것이다.

섞여 있더라도 물과 기름처럼 융화될 수 없는 존재로 각인되어 있다.

한마디로 말해서, 이방인은 멀고 먼 존재다. 이와는 반대로 가족과 친구를 비롯해서 친한 사람은 매우 가까운 존재다. 가까운 이들과는 비교적 허물없이 지내며 흉금을 털어놓고 우의와 사랑을 다진다고 믿고 있다. 이에 비해 이방인은 그럴 수 있는 존재가 결코 아니라고 생각하는 것이 흔한 통념 중 하나다. 과연 그것은 맞는 것일까? 섣부른 판단은 금물. 다음의 경험담을 보고 판단해도 늦지 않다.

우기 아니랄까 봐 어김없이 지긋지긋한 비가 내리는 우중충한 날이었다. 오리건주를 방문했다가 워싱턴주 시애틀로 돌아오는 길이었다. 어느새 밤이 깊어지고 울창한 침엽수림까지 더해져 온 세상은 칠흑 같은 어둠으로 뒤덮였다. 해안가에서 내륙으로 향하는 비 내리는 지방도로는 말 그대로 구불구불, 위험천만이었다. 가뜩이나 밤눈이 어두운 나에게 그 길은 지옥의 심연, 타르타로스Tartaros와 다름없었다.

그때 저 멀리 앞에 간간이 브레이크를 밟는 차량이 어렴풋이 보였다. 시야 확보가 어려운 밤에는 일정 간격을 두고 앞차를 따라하는 게 제일 안전하다. 길의 모양새가 대강 그려지기 때문이다. 그 차 덕분에 나는 안도감과 여유를 갖고 지방도로를 벗어나 고속도로로 진입해 시애틀로 향할 수 있었다. 구세주를 만난 기분이었다.

그런데 고속도로로 갈아타는 분기점에서부터 앞차가 버벅거리기 시작했다. 고속도로에 차량이 많아졌기 때문이다. 나는 수많은 차량의 미등과 헤드라이트가 시야를 밝혀주었기에 그 차를 추월해 내 차를 쌩쌩 몰았다. 그러길 얼마 지나지 않아 내 뒤로 차량 한 대가 따라붙은 것을 알았다. 잠시 경찰차로 오인했지만 다행히도 지방도로에서 나를 인도해주던 바로 그 차였다.

놀랍게도 그 차는 계속 나를 따라 같이 움직였다. 뒤꽁무니에서 떨어지는 법이 없었다. 그렇게 지방도로에서는 내가 그 차를, 고속도로에서는 그 차가 나를 인도자로 삼아, 두 대가 꼭 한 대인 양 한밤중 미국 북서부의 빗길 도로를 달렸던 것이다.

더욱 흥미로운 일은 그다음에 벌어졌다. 내가 추월하려고 차선을 변경하려 할 때, 해당 차선의 다른 차량이 속력을 높여 내 진입을 방해하려 들었다. 그럴 때면 내 뒤를 바짝 따르던 차가 내 추월 시도를 좌초시키려 드는 해당 차량의 전면에 재빨리 파고들어 내가 진입할 수 있게 앞 공간을 터주거나, 자신이 파고든 김에 아예 앞으로 치고 나가 내가 차선을 변경할 수 있게 뒤 공간을 내주었다. 그렇게 앞서거니 뒤서거니 하면서 나와 그 차는 짝을 이루어 달렸다.

시애틀에 진입하기 전에 고속도로가 두 갈래로 나뉘었다. 나는 왼쪽 도로를 타야 했다. 분기를 알리는 표지판이 보이기 시작하자마자 나는 1차선으로 일찌감치 갈아탔다. 뒤따르는 차에 왼쪽 길을 탈 것이라는 암시를 주기 위해서였다.

그러자 뒤차는 오른쪽 차선으로 이동해 나를 추월한 후 왼쪽 깜빡이를 켜고 내 앞으로 진입했다. 그러곤 비상등을 잠시 켰다가 끄고서는, 이내 바로 오른쪽 깜빡이를 켜고 맨 오른쪽 차선으로 빠지더니 오른쪽 고속도로로 향했다. 나는 그제야 알아차렸다. 그 차의 일련의 행위가 나에게 하는 작별 인사였다는 것을. 아울러 지방도로에서 안내자가 되어준 그 차에 내가 고마워했듯이, 고속도로에서 안내자가 되어준 내게 그 차가 고마움을 표시한 것이라는 사실을. '재미있는 시간이었어. 친구, 고마워. 잘 가' 하는 인사였다는 것을! 그 것을 깨달았을 때 나는 가슴에서 무언가가 올라오는 것을 분명히 느낄 수 있었다.

이방인끼리의 조우에도 싹튼 교감

그날 일각이 여삼추라 한시라도 빨리 목적지에 도착하기를 바란 내 마음을 알아주었던 사람은 차에 함께 타고 있던 내 아내도, 자식들도 아니었다. 가족들은 나를 믿고 곤히 잠이 들어 있었다. 그들은 나의 곤경과 애로를 전혀 몰랐다. 나의 가족은 그날 어떤 일이 벌어졌는지 도통 모른다. 그때나 지금이나 마찬가지다. 당시 운행의 어려움을 유일하게 알아주고 보듬어준 사람은, 그날 그 차에 있던 타인이었다. 아이러니하게도 그는 나에게 완전히 이방인이었고, 그의 입장에서도 사정은 마찬가지였다.

누가 오래된 친구만이 진정한 친구라고 감히 말하는가? 서로 낯선 타인이었음에도 그와 나 사이에는 확실한 교감과 상호 이해가 분명히 존재했다. 그와 나 사이엔 무전기도, 무선 전화기도, 그 어떤 의사소통 수단도 존재하지 않았다. 단지 있던 것은 깜빡이와 비상등 그리고 브레이크등과 시시때때로 달라지는 자동차의 속력뿐이었다. 그(혹은 그녀)와 나는 그렇게 주어진 상황에서 서로의 마음과 의도를 간파하면서 서로의 운전을 조율했고, 그렇게 교통의 흐름을 유지해 헤어질 때까지 완벽한 조화를 이루며 함께했다. 서로에게 완벽한 조력자와 보호자, 인도자와 구세주 그리고 친구가 되었다. 완전한 타인끼리, 철저한 이방인끼리 말이다.

그 짧은 시간 동안 우리는 오랜 친구 이상의 동지가 되어 서로를 의지했다. 이방인끼리 순간적으로 맺은 우정이라고 절대로 깔봐서는 안 된다. 오히려 더 순수하고 깨끗한 감정이기에 그렇다. 거기엔 너절한 반대급부도, 어떤 조건도 붙어 있지 않았다. 사회학적으로 말하면, 서로 순수한 사회적 관계를 맺은 것이다. 고작 두서너 시간 동안 시작되어 지속되고 헤어지면 그것으로 끝나는 관계. 잠시 명멸했다가 사라지는 밤하늘의 폭죽 같은 관계. 그 일이 나에게 강렬한 기억으로 남은 것은 그 순수성 때문이다.

모든 사회적 관계엔 반드시 의무가 따른다. 완전한 타인, 이방인 사이에서도 예외는 없다. 일단 서로가 서로를 의식하고 서로의 행동을 조율해 한 번 꿰맞추기 시작하면, 내가 경험한 것과 같은 종류의 짧은 만남에서도 반드시 상호 의무감이 생기기 마련이다. 그것을 충족하느냐 마느냐는 나중 문제다.

나도 마지막 분기점에서 의식적으로 1차선으로 차를 몰아 왼쪽 고속도로를 탈 것임을 일찌감치 그에게 알렸다. 일종의 의무감의 발로였다. 아무런 통고 없이 그냥 오른쪽 도로를 타면 그뿐이었을 상대도, 잠시 비상등을 켜고(우리나라와 달리 미국에선 끼어들어서 '미안하다', '감사하다' 등을 표현하는 용도로 비상등을 사용하지 않는다. 그러니 더욱더 이상한 일이다) 감사의 마음과 작별을 고했다.

그로써 완전한 이방인들이 시간이 흘러도 잊히지 않는 '우리'가 되었다. 나는 그가 의무감을 실행하는 것을 보며 가슴 한편에서 묵직한 뭔가를 느꼈다. 그것은 낯선 타인 간에도, 순간적인 만남에서도 예의가 존재했음을 말해준다. 우정이 존재했음을 말해준다.

가깝고도 먼 존재 이방인

그렇게 멀리 있는 자가 가깝게 느껴지고 가깝던 자가 멀리 느껴지는 게 이방인이다. 그렇다면 이 세상에서 이방인이 아닌 자가 누구인가?

아니, 원래부터 이방인이 아닌 자 누구인가? 우리는 모두 어디서 와서 어디로 가는지조차 모르는 청맹과니 이방인이다. 만남으로 이루어진 관계와 사회는 이방인의 것, 이방인의 세계다. 우리 세계는 순전히 이방인투성이다. 오랜 친분으로 특정되는 친구, 친지, 가족 등의 관계는 이와 무관하다 여기는 것은 모두 허상이요, 착각이다. 그 관계 속에서도 우리는 그들을 이방인으로서 경험할 때가 분명히 있다. 그 반대도 마찬가지다. 무엇보다 이 세계에 우리는 모두 이방인으로 침입해 들어왔고, 언젠가 홀로 이 세계를 빠져나갈 것이다.

그럼에도 우리는 관계 맺는 시간의 길고 짧음으로만 이방인과 이방인 아닌 자를 나누는 버릇이 있다. 짧으면 이방인,

길면 이방인이 아닌 자라는 식이다. 이 얼마나 우매한 일인가. 이방인은 결코 믿을 만한 친구가 될 수 없다고 단언하기도 한다. 그런데 보라. 나는 고속도로에서 만난 이방인을 친구라고 느꼈다. 아니, 친구에게 느끼는 것 이상으로 강렬한 감정까지 느꼈다. 이 얼마나 이상한 일인가. 그래서 그 이상한 감정 때문에 그는 나에게 이방인이다. 멀지만 가까이 있는, 그러나 다시 사라져 멀어진 이방인. 10여 년이 지난 뒤에도 여전히 내 뇌리 속에 남아 있는 이방인. 그러니 이방인은 친구가 될 수 없다고, 친구는 이방인일 리 없다고 속단하는 우를 범해서는 안 될 것이다. 완전히 낯선 타인, 즉 이방인이라고 해도 서로 친구가 될 수 있음은 물론이다. 애초에 처음부터 친구는 없었을 터다.

그렇다면 이제는 이방인이 무엇인지 그것부터 알아야 할 차례다.

떠남

\#

1   소금에 절인 배추처럼

한 번 늑대는 영원한 늑대
_이솝

자연적 태도

이방인의 이야기를 하기 전에 먼저 기존의 삶의 방식에 절어 있는 사람에 대해 짚고 넘어가자. 대부분의 사람은 자신이 속한 사회가 요구하는 삶의 방식대로 살아가기 마련이다. 그런 사람들을 흔히 토박이라고 부른다. 토박이는 자신에게 익숙한 삶의 방식만을 고집하며 다른 삶의 방식은 외면한다. 웬만해서는 바꾸려 들지 않는다. 왜냐하면 현재 살고 있는 그대로가 가장 자연스럽고 당연하다고 여기기 때문이다.

이것을 현상학적 사회학자들은 '자연적 태도natural attitude' 속에 빠져 있다고 말한다. 자연적 태도는 일상의 일반인이 현실을 받아들이는 방식이며, 삶을 살아가는 방식이다. 그들에게 현실은 태어나면서 그런 식으로 있던 것이고, 주위 동료들도 똑같이 경험하는 세계이며, 반드시 그 세계에 순응해야만 하는 것이다. 그 세계는 유일무이한 절대적인 것이며, 그곳에서 이탈한다는 것은 생각조차 하면 안 된다. 그것을 나뿐만 아니라 주위의 모든 사람이 죄다 알고 있다고 생각하는 그런 세계이다. 이렇게 여기며 살아가는 게 바로 자연적 태도다.

한마디로 말해서 토박이는 자연적 태도에 절어 있다. 마치 소금에 절인 배추처럼 토박이의 정신과 몸은 자연적 태도로 절어 있다. 토박이가 자연적 태도에서 벗어나는 것은 낙타가 바늘귀에 들어가는 것만큼 매우 어려운 일이다. 여간해선 그런 일은 벌어지지 않는다. 자연적 태도 속에서 삶을 같이하는 이들은 자연적 태도에서 벗어나지 않는 것을 의리 있다고 칭송하고 변치 않아 좋다고 칭찬한다. 그러나 결론부터 미리 말하자면, 살아 있다는 것은 한곳에 멈추지 않고 계속해서 앞으로 나아가는 것을 말한다. 진전이 없는 생은 사실 죽은 것과 마찬가지다. 평생을 한 가지 생각과 태도에 빠져 있다가 다른 세상의 존재를 알지 못하고 생을 마감하는 것은 얼마나 헛된 일인가.

참나무와 갈대

그런데 왜 토박이는, 혹은 대부분의 사람은 자연적 태도 속에 머물러 있는가? 그들은 왜 웬만해서는 자연적 태도로부터 빠져나올 시도조차 하지 않을까? 그 질문에 실마리를 주는 우화가 있다.《이솝 우화》속 〈참나무와 갈대〉 이야기다. 참나무는 강풍에 뿌리가 뽑혀 땅에 내동댕이쳐졌지만 갈대는 강풍에도 멀쩡했다. 휘어졌기 때문이다. 흔히 이 이야기는 강한 게 부러지기 쉽다거나 바위에 계란 치기와 같이 강한 것에 대들지 말고 순응하라는 뜻으로 받아들여진다. 이런 해석에서도 앞에서 제기한 질문에 대한 답을 구할 수 있다. 즉 '튀면 좋을 게 없다'거나 '모난 돌이 정 맞는다' 등과 같이 남들이 다 같이 존중하며 따르는 자연적 태도에 순응하는 게 합리적이라는 것이다. 괜히 어쭙잖게 자연적 태도에 거슬렸다가는 국물도 없다는 것을 대부분의 사람이 알고 있다는 의미에서다.

물론 이런 답도 일리가 있기는 하다. 그러나 조금 식상하지 않은가? 내가 보기에 자연적 태도를 따르는 보다 더 근본적인 이유가 존재한다. 그것은 뭘까?

저 우화는 여러 판으로 읽힌다. 그중 하나인 '엘리엇/제이콥스 판Eliot/Jacobs version'을 유심히 보면 내가 꼽는 이유가 살짝 보인다. '엘리엇/제이콥스 판'엔 다른 판과 달리 강풍이 와서 뿌리가 뽑혀 땅바닥에 패대기쳐지기 전에 참나무가 갈대를 한껏 비웃고 약을 올리는 대목이 나온다. "이 작은 것아, 너는 왜 나처럼 뿌리를 깊이 박지도 않고 여기 공중으로 이렇게 쭉 머리를 뻗지도 못하니?" 그러자 갈대가 참나무에게 말한다. "나는 이것에 만족한단다. 나는 너처럼 크진 않지만 너보다 안전하거든!" 이 말을 듣고 참나무가 조롱한다. "지금 안전하다고 말했니? 안전이 뭔지 알고 하는 말이야? 누가 감히 나의 뿌리를 뽑으며, 내 머리를 바닥에 내동댕이칠 수 있을까?" 그 말을 하는 순간 강풍이 불었고 상황은 역전되었다. 결국 살아남은 것은 참나무에게 하찮게 보인 갈대였다.

이 판에서 교훈으로 '미천한 것이 안전하다Obscurity often brings safety'라는 말이 나온다. 여기서 중요한 것은 바로 '안전'이란 단어다. 이 단어가 왜 토박이가 자연적 태도에 편승하거나 그것만을 고수하려 하는지 알려주는 중요한 이유가 되기 때문이다. 자연적 태도를 극복하기 어려운 이유는 바로 자연적 태도 안에서 안전감을 얻기 때문이다. 그래서 〈참나무와 갈대〉 우화는 사회학적으로 충분히 달리 해석될 수 있다. 영어 'obscurity'는 미천한 신분, 무명, 은둔, 중요치 않은 사람이나 물건 등을 뜻하지만 애매모호함이란 뜻도 있다. 이 단어를 시쳇말로 '듣보잡(듣지도 보지도 못한 잡것)'으로 옮길 수 있다면, 뚜렷이 두각을 드러내는 사람이 아니라는 뜻에서 불분명하고 모호함으로 연결된다. 왜 모호하다고 표현할까? 그런 사람은 멀리서 보면 누가 누군지 모르기 때문이다. 그러니 모호하다고 할 수밖에 없다.

어쨌든 이렇게 볼 때 저 말은 '애매모호함이 안전을 가져온다'고 번역할 수도 있다. 그런데 가만히 따져 보라. 사회는 유명한 이도 있지만 대개 그만그만한, 있으나 마나 한 보통의 사람으로, 즉 미천한 이로 이루어져 있다. 전자는 극소수이고 후자는 대다수다. 미천한 이들로 이루어진 사회는 사실은 불분명한 것이다. 그런 이들로 이루어진 사회가 애매모호한 것은 당연하다. 그러니 이솝은 그런 사람, 즉 튀지 않는 사람투성이인 곳에 안전이 있다 말한다. 바로 미천한 이들, 그렇게 튀지 않는 이들, 그래서 불분명한 이들로 이루어진 사회가 그 구성원인 미천한 이들에게 안전을 준다는 것을 암시한다.

익명성과 안전

그런데 이는 사회학적으로 백번 옳다. 왜냐하면 애매모호함 속에서 인간은 안전을 찾을 수 있기 때문이다. 흐리멍덩한 상태, 즉 애매모호함이 왜 안전을 확보해주는가?

다른 예를 찾을 필요도 없다. 우리나라의 자동차 색깔은 대체로 세 개 중 하나다. 희거나 까맣거나 아니면 회색. 왜 그럴까? 멀리서 보면 죄다 흐리멍덩한 색깔로 잘 구별이 안 된다. 혹시나 교통법규를 위반하더라도 경찰의 눈에 띌 확률이 적은 것이다. 이 경우에 국한해서 만일 적발의 위험성이 낮은 것을 안전하다고 말한다면(물론 난폭운전은 사고의 위험성이 커지므로 여기서 말하는 안전과는 다른 뜻이 적용될 것이다) 안전은 흐리멍덩한 불분명 속에서 온다고 충분히 주장할 수 있다.

애매모호함이 안전을 보장한다는 것은 또 다른 차원에서 이야기할 수 있다. 애매모호함은 익명성과 직결된다. 익명성은 책임의 면제를 보장한다. 이를테면 누가 어떤 짓을 했는지가 명확하지 않으니 행위자는 자신이 안전하다고 느낀다. 극단적인 예이겠지만 때로는 익명성에 기대 나쁜 짓을 해도 걸리지 않는다는 심리, 안전감 때문에 범죄를 자행하는 사람도 있는 것이다.

그리고 범죄가 아닌 평범한 일상의 행위조차도 익명성이 보장되었을 때 더욱더 자연스럽게 행할 수 있다. 일상의 행동도 카메라와 마이크를 들이대면 움찔하는 것은 바로 익명성이 보장되지 않는 데서 비롯한다.

이제는 범죄도, 평범한 행위도 아닌 선행의 경우를 생각해보자. 선행을 익명으로 행하고 사라지는 키다리 아저씨를 떠올려보라. 아무에게도 자신의 선행을 알리길 원하지 않고 선행을 하고 연기처럼 사라진다. 그런 익명의 천사가 베푸는 선행이 세상에 알려지면 많은 사람에게 큰 감동을 준다. 키다리 아저씨는 신분을 밝히고 선한 행위를 하는 것을 극히 꺼린다. 그것은 선한 마음에서 나오는 행위를 자연스럽게 하고 그렇게 받아들여지려면 익명성 속에서만 가능하다고 여기기 때문이다. 즉 선행을 베풀 때조차도 익명성은 안전감을 준다는 것을 말해준다.

익명성이 사라지면 선행에도 불편이 따르고, 그러면 부자연스럽기 때문에 기어코 이름이 밝혀지는 상황을 회피하려 든다.

익명성을 보장하는 사회는 애매모호한 사회이며 그런 사회는 인간에게 안전감을 준다. 그런데 그런 사회가 인간에게 요구하는 것이 있다. 바로 자연적 태도다. '의심하지 말고 당연하게 받아들일지어다!' 이것이 안전감에 대한 대가로 사회가 그 구성원에게 요구하는 태도다. 이를 충족시키는 한 인간은 안전감을 느낀다. 마치《이솝 우화》의 갈대처럼.

그러니 사람은 자신이 속한 사회의 자연적 태도에서 벗어나기 그토록 어려운 것이다. 벗어나면 안전감을 잃어버리게 되며, 안전감은 사람들이 일상생활을 하며 살아갈 때 반드시 필요한 중요한 느낌 중 하나이기 때문이다.

2 태초에 애씀이 있었다

행동함으로 의심은 사라진다.
_요한 볼프강 폰 괴테

평범하게 보이기 위해

앞에서 말한 이유로 대부분의 사람은 토박이로 생을 시작해서 토박이로 생을 마감한다. 여기서 토박이가 알아야 할 것 두 가지가 있다. 하나는 토박이가 자연스럽고 당연하게 여기는 자연적 태도가 전혀 자연스럽지 않다는 사실이다. 프랑스 작가 알베르 카뮈Albert Camus는 "어떤 이들은 그저 평범하기 위해서 엄청난 노력을 쏟는다는 것을 사람들은 모른다"고 말했는데, 얼핏 진리같이 느껴지는 이 말은 사회학적으로 보면 일부만 맞는 말이다. 왜냐하면 이 말에서 "어떤 이들"은 "모든 사람"으로 바뀌어야 하기 때문이다. 정상적으로 보이기 위해 엄청난 에너지를 쏟는 사람이 극히 일부가 아니라 모든 사람이라니 이 무슨 황당한 소리인가? 평범하게 되는 것에 무슨 애씀이 필요하단 말인가?

그 답은 자연적 태도의 속성에서 찾아야만 한다. 왜냐하면 자연적 태도는 자연스러움과 거리가 멀기 때문이다. 자연적 태도를 유지하려면 엄청난 노력이 필요하다. 영화나 드라마의 예를 들어보자. 등장인물의 연기가 너무나 실감나서 그 배우의 신들린 연기를 극찬할 때가 있다. 그때 관객 혹은 시청자의 감탄사는 '어쩌면 저렇게 능구렁이처럼 연기를 자연스럽게 하나!'다. 이때의 자연스러움이란 극 중 배역을 맡은 배우가 연기를 아주 능청스럽게 해낸 것을 의미한다. 연기를 능청스럽게 할 정도면 연기의 기술, 숙련도 등과 같은 것은 기본으로 깔고 있을 게다. 그러면 그의 연기는 무엇으로 능구렁이의 반열에 올라섰다고 평가받을 수 있을까? 나는 그렇게 능청스럽게 연기를 해내는 데 있어 관건은 배우가 연기하는 동안 자연인으로서의 누구누구라는 정체성을 잠시 벗어던지고, 그 극의 흐름에 맞는 배역으로만 행동하는 것이라고 생각한다. 그것도 완전히 몰입해서 말이다.

그러면 보는 사람은 '자연스럽다'라는 감탄사를 보내는 것이다. 만일 배역에 완전 몰입하지 않고 연기하는 와중에 자연인의 신분을 끌어들인다면 그의 연기는 엉망이 될 것이 뻔하다. 극단적인 예이지만, 무대에서 관객을 웃겨야 하는 희극배우가 무대에 올라오기 전 부모님의 사망 소식을 들었다고 무대 위에서 눈물을 터뜨린다면 그 무대는 완전히 엉망진창이 되어버릴 것이다. 공연의 흐름에 충실하다는 것은 무엇을 의미하는가? 바로 자연인 누구누구의 신분을 무대 위로 연장하지 않는 노력이 절대적으로 필요하다는 것을 말한다. 그래야만 연기가 자연스럽고 능청스럽다는 찬사를 받는 것이다.

자연적 태도의 부자연스러움

이런 무대의 그림을 일상생활에 그대로 대입해보자. 사람이 일상을 살아갈 때 취하는 태도, 즉 자연적 태도는 그저 저절로 태어나면서부터 자연스럽게 취하는 태도가 결코 아니다. 우리는 그러한 태도를 취하기 위해 엄청 노력하고 있다. 싫은 사람을 만나더라도 웃어야 할 때가 있다. 내키지 않는 일이라도 싫은 내색 없이 해야 할 때도 있다. 모두 내가 정상적이고 평범한 것처럼 보이기 위해 하는 일이다. 그때 취한 그 상황에 맞는 자연적 태도가 진실로 자연적인 것은 아님은 분명할 터다.

그래서 자연적 태도 자체는 전혀 자연스럽지 않다. 애초부터 자연스러움은 없었다. 그것은 노력이 필요한 것이다. 자연적 태도를 처음 접할 때나 그것에 익숙해져 능수능란하게 구사할 때나 노력이 필요하다. 그런데 자연적 태도 속에 사는 사람은 그것을 전혀 눈치채지 못한다. 신기하게도 이방인만이 그것을 눈치챘다. 이방인의 눈엔 토박이가 노력하는 것이 느껴지고 빤히 보인다. 이방인에겐 토박이가 자연스럽게 받아들이는 것이 전혀 자연스럽지 않아 보인다. 그 결정적 이유는 바로 이방인이 자기가 속했던 곳에서 떠난 자이기 때문이다. 이런 노력을 눈치챘다는 것은 이방인을 더욱 피곤하게 한다. 그러면 그럴수록 그의 신경은 더욱 날카로워진다.

곰곰이 생각해보자. 만일 어떤 일을 하기 위해 열심히 노력하고 있는 사람이 노력하고 있다는 것 자체를 의식하지 못한다면 그것은 큰 문제 아닌가? 보통 이런 경우는 어떤 일에 매진하다 무아지경에 빠졌을 때 흔히 벌어지곤 한다. 예를 들면 일중독자가 여기에 속할 것이다. 그들은 쉴 때 쉬지를 못해서 대부분 정신과 몸을 해치기 마련이다. 일상인은 자기가 애를 쓰고 있음에도 그것 자체에 대한 인식이 전혀 없다. 심각한 문제가 아닐 수 없다. 이것은 전혀 자연스럽지 않은 세계를 자연스럽다고 여기는 것 자체가 문제라는 데로 귀결한다. 보통 상식적인 사람이라면 이것이 문제임을 느껴야 정상이다.

그러나 사정은 전혀 그렇지 못하다. 어떻게 이런 일이 벌어지고 있는 것일까? 무엇인가가 문제라고 여기는 것은 그 무엇을 의심한다는 이야기다. 그런데 자연적 태도 속에 빠져 있으면, 아무런 의심 없이 그냥 무턱대고 자신이 속한 세계를 받아들인다. 그리고 그 의심 없음은 자연적 태도가 실제 행동으로 실행되면서 더욱 강화된다. 즉 단지 자연적 태도에 머물러 있는 것만이 아니라 실제 그것을 바탕으로 행동을 취하게 되면, 그 자연적 태도는 더욱 강화되고 그 자연적 태도를 보유한 세계는 더욱 자연스럽고 더욱 당연한 것이 된다. 그럴수록 그 세계에서 빠져나오기 힘들어지고, 자연적 태도는 더욱 공고해진다. 그 과정은 계속해서 돌고 도는 순환 고리가 되며 결국 언젠가는 생길지도 모를 '세계에 대한 의심'은 공중으로 사라진다.

피카소의 게르니카

행동은 모든 의심을 잠재운다. 독일의 문호 괴테J. W. von Goethe도 "의심은 단지 행동으로만 제거될 수 있다"고 말했다. 대부분의 의심은 행동을 통해 눈 녹듯이 사라진다. 그만큼 인간의 행동은 의심을 없애는 데 강력한 힘을 발휘한다. 그래서 어떤 일을 할까 말까 하고 결정장애 상태에 처해 있을 때 일단 일을 저지르고 보라는 권유를 받는 경우가 흔한 것이다.

행동이 품고 있는 묘한 사실이 있다. 행동은 태도(신념) 자체를 우리 몸에 배게 한다는 것이다. 흔히 이런 것을 습관이라고 하는데, 무엇을 습관적으로 행하면 의심은 더 빨리 사라지고 의심이 끼어들 여지를 완전히 차단한다. 흡연 행위를 생각해보라. 담배가 몸에 악영향을 미친다는 것은 누구나 안다. 즉 담배는 건강의 적으로서 의심의 대상이 된다. 그러나 담배를 피우는 동안에는 담배에 대한 의심을 잠시 접어둔다. 담배에 중독되어 수시로 담배를 피우는 애연가는 이미 담배 피우는 것이 몸에 뱄으므로 담배가 나쁘다고 하는 그 어떤 조언이나 의심도 물리치고 귀를 막는다. 몸에 밴다는 것이 그 정도의 위력을 발휘한다.

이처럼 행동이 사람의 몸에 배면 의심할 겨를이 아예 없어진다. 그러면 우리의 몸과 영혼에 완전히 자연적 태도를 당연한 것으로 여기는 세계가, 즉 사회가 들어오게 된다. 이 사회는 사람을 압도한다. 그리고 이렇게 자연적 태도가 완전히 몸에 밴 사람들의 행동에서 다음의 두 가지가 눈에 두드러진다. 하나는 용감해진다. 무식하면 용감하다는 말이 있지 않은가? 여기서 무식하다는 것은 어떠한 의심도 하지 않는 상태를 말한다. 자신이 접한 세계가 전부라고 여기는 사람이

용감해지는 것을 흔히 본다.

나머지 하나는 도대체 문제가 뭔지를 모른다는 사실이다. 그것은 눈먼 사람에 비유할 수 있다. 제2차 세계대전이 한창일 때, 나치가 파리를 점령한 뒤 한 게슈타포 장교가 피카소Pablo Picasso의 화실에 들이닥쳤다. 그리고 벽화 〈게르니카Guernica〉를 보고 충격을 받아 피카소에게 그 그림을 가리키며 "이게 당신이 만든 것이냐?"고 물었다. 피카소가 그에게 이렇게 답했다고 한다. "아니, 그건 네가 만든 거야!" 전쟁의 광기를 그린 그 그림을 보고도 자신이 현재 벌이고 있는 일이 무엇인지조차 모르는 이에게 날리는 천재화가의 회심의 한 방이었다.

저 일화에서 보듯, 게슈타포 장교는 〈게르니카〉의 '혼돈'이 문제라는 것을 인식했다. 하지만 그 장교는 자신이 그 혼돈의 일부임을 전혀 인식하지 못하고 있었다. 왜 그럴까? 히틀러의 주구走狗 노릇을 너무 열심히 했기 때문이다. 그에겐 의심할 겨를이 없었다.

슬로베니아의 철학자 슬라보예 지젝Slavoj Žižek이 어떤 인터뷰에서 이 상황에 딱 들어맞는 말을 했다. "만일 우리가 문제를 인식하는 그 방식이 이미 그 문제의 일부분이라면 어찌할 것인가?" 그것을 벗어나는 유일한 길은 자연적 태도에서 떠나는 것밖에는 없다. 그 일의 적격자는 이방인뿐이다.

3   세상이라는 감옥에서

왜 당신은 수감자처럼 취급받는 것을 용인하는가?
_안토니오 네그리

자유가 없는 곳에서 자유를 느끼는

나의 학창 시절을 생각하면 감옥밖에 떠오르지 않는다. 내게
학교는 감옥같이 지긋지긋한 곳이어서 가급적 그 시절을 떠
올리고 싶지 않다. 1970년대와 1980년대 초 학창시절을 보
냈던 내 기억으로, 학교는 감옥보다 더한 정신병원 같았다.
갖은 폭력이 난무하며, 이른바 좋은 대학 입학이 보장하는
미래의 행복을 위해 현재의 고문을 참으라고 잔인하게 강요
받았던 그 시절 학교. 거기에 고분고분 순응하며 마치 문제
푸는 기계같이 보이던 친구들을 보는 것도 솔직히 괴로웠다.
거기다 왜 학생의 머리는 죄수처럼 빡빡 밀게 했는지. 그래
서 나와 학교는 물과 기름처럼 융화되기 어려웠다.

이와 비슷하게 우리가 사는 세계 자체를 감옥으로 보는 사람도 있다. 미셸 푸코Michel Foucault가 그중 하나다. 그는 《감시와 처벌Discipline and Punish: The Birth of the Prison》에서 "감옥이 모두 그것을 닮은 공장, 학교, 병영, 병원과 닮았다는 것이 놀랍지 않은가?"라고 적었는데 그것도 성에 안 찼는지 한 술 더 떠서 다음과 같이 남겼다. "감옥이 정원 초과인가? 아니면 인구가 과잉 투옥되어 있는 것인가?" 말하자면 푸코는 우리가 사는 세상 전체가 거대한 감옥이라는 의문을 진지하게 던진 것이다.

감옥 속에서는 자유가 없다. 누구나 그 사실을 안다. 그래서 감옥에 갇힌 자가 오매불망 꿈꾸는 것이 있다면 그것은 석방이다. 그러나 감옥에서 나오길 싫어하는 사람도 있다. 감옥에 길들여진 자다. 분명히 제정신이 아닌 사람이다. 그런 사람은 대개 그곳이 편해서 나오기 싫어한다. 오히려 바깥이 불편하다고 여긴다. 밖으로 나가는 것이 두려운 것이다. 그들은 자기가 머물고 있는 감옥에 자유가 있다고 생각해서 감옥이 편하다고 여긴다.

이들처럼 세상이라는 감옥에서도 나가길 원하지 않는 사람이 있다. 문제는 대부분의 사람이 그런다는 것이다. 분명히 감옥 속에는 자유가 없다. 그런데 자유가 없는 곳에서 우리는 자유롭다 생각하고, 영화 〈쇼생크 탈출The Shawshank

Redemption〉의 등장인물 중 하나처럼 그곳에서 벗어날 생각이 아예 없다. 탈옥은커녕 설사 형기를 마치고도 나갈 생각조차 하지 않는다. 그곳에서 먹여주는 대로, 잠을 재워주는 대로, 씻겨주는 대로 하루하루의 삶을 보낸다. 그곳에서 조금 낫다고 생각하는 노역에 행복해하고 나은 먹거리가 나오거나 좋은 베개라도 주어지면 키득거리며 좋아 죽는다.

그런데 아무리 좋은 혜택과 복지가 주어진다 해도, 아무리 좋은 간수나 감옥 시스템이 주어진다 해도, 또한 순종하는 자에게 갖은 보상이 주어진다 해도 그곳은 감옥일 뿐이다. 반드시 벗어나야만 할 곳이다. 그곳은 끝까지 살다가 죽고 나서야 나올 곳이 아니다. 모든 죄수의 유일한 희망은 하루빨리 그곳을 벗어나는 것이다. 감옥에서 잠깐의 특혜, 잠깐의 안락은 진정한 안락이 아니기 때문이다. 진정한 안식은 감옥 밖에 있다. 감옥에서 길들여지기 전에는 누구나 그 사실을 안다.

그런데 세상이라는 감옥에서 그곳이 감옥인 줄 모르고 그곳을 가장 안락한 곳으로, 안식을 주는 곳으로 여기는 것은 어찌된 일인가? 이 세상이 자유롭다고 여기는 것은 어찌된 일인가? 그래서 이 세계에서 벗어나길 전혀 고려한 적이 없는 것은 도대체 무슨 연유인가? 그것은 감옥에 투옥된 자는 그 이전의 세상을 알고 있지만, 세상이란 감옥에 투옥된 우리는 그 이전의 세계에 대해 모르기 때문은 아닐까? 마치 우리는 망각의 강인 레테Lethe를 건넌 것처럼 모든 것을 잊고 우리 앞에 펼쳐진 세상이 다라고, 그게 유일무이한 것이라고 여기고 있는 것은 아닌가?

"자유가 아닌 것이 무엇인지 모르기에 우리가 자유롭다고 느낀다"는 지젝의 말은 이 맥락에서 꽤 적절해 보인다(《실재의 사막 입성 환영Welcome to the Desert of the Real》). 곰곰이 따져보자. 우리는 진정 자유로운가? 그 자유는 어떤 자유인가? 혹시 그것은 그루밍에서 비롯된 것이 아닌가? 스톡홀름증후군 때문에 생긴 감정은 아닌가? 그것은 지젝의 말대로 자유롭지 않은 것이 무엇인지 모르는, 그런 말조차 모르는 체계적으로 교묘하게 고안된 무지에서 유래한 것은 아닌가? 대안을 알 수 없기에, 혹은 볼 수 없기에 자유롭다고 여기는 착시와 착오는 아닌가?

만일 이 세상이 아주 어린 나이에 한번 인신매매로 팔려와 절대로 빠져나갈 수 없는 곳 같은 것이라면, 아니면 거대한 정신병원과 같은 곳이라면 그곳엔 자유가 있을 리 만무하다. 길들임과 구속 그리고 세뇌만이 있을 뿐이다. 세뇌에는 많은 단어가 필요 없다. 필요치 않은 단어와 말은 사전에서도 제외시킨다. 그런 사전 속에 부자유라는 단어가 아예 없다면? 그 사전 속에 자유를 구속과 속박 그리고 순응으로 풀

이해놓았다면?

터치다운

참으로 어리석게도 세상이라는 감옥에서 우리는 자유롭다고
여긴다. 그것을 당연시한다. 그것은 영화 〈트루먼쇼The Truman
Show〉의 주인공인 트루먼이 자신의 상황을 깨닫기 전 매일매
일의 일상을 살며 자신은 진정한 삶을 살고 있고 타인 또한
그러리라고 생각하며 자유롭다고 느끼는 것과 무엇이 다를
까? 물론 그 영화와 우리가 살고 있는 세상 사이에 다른 점이
적어도 한 가지는 있다. 영화 속 트루먼을 제외한 모든 사람
은 자신이 연기하고 있다는 것을 안다. 트루먼만 그 사실을
모를 뿐이다. 영화 속 사람들은 자신들은 가짜이며, 트루먼을
상대로 역할극을 하고 있음을 안다. 그 세계 속에서 트루먼
만 진실한 인간이기에 이름을 '트루먼(진실된 남자)'이라고 이
름 붙인다.

그러나 우리가 살아가고 있는 이 일상생활의 세상에서는
모든 사람이 자기 자신을 진실한 인간, 즉 트루먼이라고 생
각하고 있다. 영화 속 인물들은 트루먼을 제외하고는 모두
자유롭다고 생각하고 트루먼만이 자유롭지 못하다고 생각

한다. 반면 우리의 일상생활의 세상 속 사람은 자신이 트루먼이므로 자신들은 자유롭다고 생각한다. 그러나 보라! 영화 속 트루먼은 자신이 진짜가 아니며 그 진짜 트루먼은 바깥 세상에 있다고 판단하고 그것을 찾아 세상의 끝으로 향하고 마침내 거기에 다다른다. 그러나 이 세상의 우리는 영화 속 주인공인 트루먼의 용기를 지금 감행하고 있는가? 세상 밖으로 기어이 나가려는 생각을 하고 있는가? 만일 없다면 어떻게 그러면서도 감히 자신이 자유로우며, 자신이 트루먼이라고 생각하는가?

바로 이 시점에서 이방인은 말해준다. '나를 따라오라!'고. '나의 전철을 밟으라!'고. 또 세상 밖으로 나갈 엄두를 내지 못하는 사람들에게, 평범한 이 세상의 자칭 트루먼에게 이렇게 말한다. '이곳에서 자유라고 느끼는 것은 자유가 아닌 길들여진 자유일 뿐!'이라고. '자유가 아닌 것이 무엇인지 모르는, 아니 자유가 무엇인지 모르는 우리가 붙여준 가짜 이름, 자유일 뿐!'이라고.

트루먼이 세상의 끝에 도달(터치다운)하여 한 일은 하늘 모양의 천장에 숨겨진 문을 찾아 여는 것이었다. 진정한 트루먼이 되는 순간이다. 트루먼이 자유인이 되는 순간이다. 그것은 천장을 벗어나는 일이다. '나는 숨 막혀!'라고 외치면서 세상이란 감옥에서 탈출을 시도하는 것, 그게 바로 자유다.

비유적으로 말해 나를 가두고 있는 벽과 천장에 구멍을 내는 행위, 그게 바로 진정한 트루먼이 되는, 즉 진정한 자유를 얻는 첫 단계가 아닐까?

다시 자연적 태도로 돌아가 보자. 세상이라는 감옥에는 그것이 내건 자연적 태도와 문화적 내용이 있다. 그렇다면 그것에 굴하지 않는 것이, 그것에 머물지 않는 것이 진정한 트루먼이 되는 길이 아닐까?

포획의 사슬을 끊고

우리는 모두 사로잡힌 자다. 포획된 자다. 누군가에 의해서, 얼굴이 보이지 않는 누군가에게 쫓기고 결국은 갇혀 밖으로 뛰쳐나가지 못하고 살아가는 자다. 그것이 길어져 나가는 것을 포기하고, 아니 그것을 잊어버리고 망각한 채, 오히려 그 기간이 더 길어지기를 간절히 바라는 애처로운 멍청이, 길들여진 순응자다. 그들의 뇌 속에 깊은 구멍을 내라! 그것이 바로 이방인의 임무다.

푸코의 이름을 빌려 꾸민 듯한 가공의 일화를 소개하면서 이 장을 마치려 한다.(그의 명언을 삽입하여 꾸민 이야기라 깜빡하면 속아 넘어갈 수도 있다. 부디 너무 심각하게 받아들이지 말기를⋯)

1953년 릴에서 푸코는 성에서 창문을 다는 일을 하며 살았다. 그전에는 샴푸 광고모델 일을 했다. 샴푸 광고모델의 후유증으로 머리가 다 빠져서 대머리가 되었고 더 이상 광고모델을 하지 못하게 되니 창문 다는 일을 하게 된 것이다. 어느 날 일을 마친 뒤 성주와 가격을 두고 실랑이가 붙었다. 성주는 푸코가 제시한 가격이 터무니없다며 따지고 들었다. 푸코가 무슨 선지자나 되는 듯 가격을 마음대로 매겼다고 성주는 분개했다. 푸코는 "자신은 선지자가 아니며 단지 이전에 벽이었던 곳에 창을 내는 일꾼"일 뿐이라며 응수했다. 그 와중에 그가 샴푸 광고모델이었음을 알아차린 성주가 푸코에게 그 유명한 샴푸 광고모델 아니었냐고 알은체하며 완전히 대머리가 되었다고 놀라워했다. 알은체를 하면 혹시나 깎아줄까 싶었던 모양이다. 푸코는 자기가 그 광고모델이 맞다고 대답했다. 성주는 가격을 내릴 수 있는지 되물었다. 흥정을 끝내기 위해 푸코가 성주에게 말했다. "내가 누구인지 정확히 알 필요는 없어요. 삶과 일에서 중요한 것은 이전(처음)의 자기였던 것이 아닌 다른 사람이 되는 것이니까요." 그 뒤 그는 성을 떠났다.

무엇이 되기 위해 우리는 떠나야 한다. 어느 한곳에 머물러서는 안 된다. 자유를 얻기 위해서라면 더더욱 그렇다.

4   떠나는 자

인생은 종점이 아닌 하나의 여정
_ 랠프 월도 에머슨

별리別離

일찍이 괴테는 "외국어를 모르면 자기 자신에 대해 아무것도 모르는 것"이라고 말했다. 이 말의 뜻은 무엇일까? 외국어는 외국을 전제로 하니 결국 외국을 알면 자기 자신을 알게 된다는 말이다. 그런데 외국을 알려면 자신이 살던 곳을 반드시 떠나야 한다. 이별을 해야 한다. 그러면 고향을 떠남과 동시에 어쩔 수 없이 이방인이 된다. 이방인이 몸소 돼봐야 비로소 자기 자신이 어떤 존재인지를 안다는 말이다.

　이런 이방인에 대해 사회학자라면 당연히 흥미를 가질 법하지만, 관심을 보인 것은 두 명의 사회학자뿐이었다. 게오르그 짐멜Georg Simmel과 알프레드 슈츠Alfred Schutz다. 짐멜은 이방인을 "잠재적 방랑자"로서 "오늘 왔다가 내일 떠나가는 의미에서의 방랑자가 아닌 오늘 왔다가 내일도 머물 그런 사람"으로 정의했다(〈이방인The Stranger〉). 슈츠는 "[자신이 살던 곳을 떠나] 접근을 시도하는 집단이 영원히 수용해주거나 그게 아니라면 적어도 관용해주기를 바라는 문명 시대의 성인"으로 이방인을 규정했다(〈이방인The Stranger〉).

이방인에 대한 두 사람의 규정에 딱 들어맞는 인물이 있다면 다른 나라에 이주해 온 이민자다. 물론 내가 보는 이방인은 그들이 규정한 이방인보다는 넓다. 나는 오늘 왔다가 내일 갈 수도 있는 단순 여행객이나 방랑자 또한 일시적으로나마 떠났다는 그 사실만으로도 이방인의 범주에 충분히 집어넣을 수 있다고 생각한다. 말하자면 내 관점에서 떠나는 자는 무조건 모두 이방인이다.

세상의 모든 초짜

내가 이 책에서 그리고 있는 이방인은 떠나는 자로서, 다른

• 이하 짐멜과 슈츠의 인용 중 각자의 논문 〈이방인The Stranger〉에서 따온 것의 출처는 다시 밝히지 않고 따옴표만 붙임.

세상을 접하는 모든 초짜를 일컫는다. 떠난다는 것은 물리적 장소를 떠나는 것을 의미할 뿐만 아니라 인지적으로 떠나는 것도 포함한다. 즉, 물리적·인지적 시공간을 가로질러 한 곳에서 다른 곳으로 떠나는 모든 이를 이방인으로 규정한다. 이방인은 각각의 공간에서 맹위를 떨치고 있는 자연적 태도와 문화적 유형에 자신을 온전히 맡기지 않고 그것들을 의심하며 끊임없이 부유하는 모험의 사람이다. 그러면서도 새로운 환경과 공간 그리고 맥락에 진지하게 접근하는 사람이다. 그래서 이 여정에서 한없이 위축되는 한편 무한한 호기심으로 똘똘 뭉친 자이기도 하다. 들뜬 기대로 새롭고 낯선 세상(각각의 다른 맥락과 환경 그리고 시공간)에 겁 없이 온몸을 던지지만 그만큼 미래에 대한 불안감으로 낯선 긴장감을 감내해야 하는 사람이다.

다른 맥락, 다른 세상, 다른 환경, 다른 공간의 토박이에게 때로는 밀어냄을, 동시에 때로는 의외로 가뭄에 콩 나듯 드물게 환영을 받기도 하는 초짜가 내가 보는 이방인의 범주에 들어간다. 따라서 슈츠와 짐멜의 이방인은 이민자나 동아리에 들어간 신입회원이 대표적 예가 된다면, 이 책에서 묘사된 나의 이방인은 두 학자의 이방인은 물론 사회학을 처음 접하는 물리학도나 스마트폰 사용법을 손자에게 배우는 노인도 모두 포함한다. 그만큼 이방인의 범위를 확대했다.

따라서 나의 이방인은 인간 그 자체라는 등식이 성립한다 (이에 대해서는 차차 이 책에서 구체화될 것이다). 반면, 슈츠나 짐멜은 이방인이라는 특별한 인물 군상이나 유형에 흥미를 갖고 그것을 사회학적 탐구에 있어 사회학적 연구 주제의 하나로 삼는 데 머물렀을 뿐이다. 그 이상 나아가지 못했다. 즉 그들은 나처럼 인간 자체를 이방인으로 그리지는 못했다.

말이 나온 김에 이 책의 구성에 대해 잠시 언급하고 본론으로 돌아가겠다. 이 책에서 이방인은 얼핏 대중 혹은 일상인과 대별되는 듯 보일 수 있다. 마치 구도자와 같은 이상적인 인물로 말이다. 그러나 결국 세상 속에 사는 일상인조차 모두 어느 면에서는, 아니 본질적으로 이방인임을 상기시킬 것이다. 처음엔 일상인이 이방인과 대비되어 이방인이 아닌 듯 보여도 결국엔 모든 인간이 이방임임을 천명하는 게 내가 세운 전략 아닌 전략이다. 그것엔 논리적 비약이 전혀 없다. 얼핏 당위처럼 여겨질 수도 있는, 이 책에서 군데군데 제기된 주장과 서술이 사실은 모든 인간이 이방인임을 천명하는 대목에 이르러서는 다큐가 된다. 즉 이방인에 관한 '규범적normative' 서술에서 '인지적cognitive' 서술로 자연스레 바뀌는 것을 독자는 부지불식간에 눈치챌 것이다. 내가 가장 신경을 쓴 것은 바로 인지적 측면이다. 즉 나는 "인간은 이방인이 되어야 한다"가 아닌 "인간 그 자체가 이방인이다"라는 점을 강조하는 데 주력했다. 인간이 이방인적 삶을 살아야만 한다는 규범적 주장은 먼저 인지적으로 설득된 후라야 가능하다는 것이 사회학이 주는 지혜이기에 그렇다.

디아스포라

그런데 흥미로운 점이 있다. 짐멜과 슈츠는 모두 유대인이다. 유대인은 멀게는 기원전 예루살렘왕국 멸망과 함께 바빌론에서 유배를 당했고, 가깝게는 기원후 로마제국에 의해 강제로 팔레스타인에서 쫓겨남으로써 시작된 이산離散(디아스포라, diaspora)의 전형적 모델 민족이다. 그들은 타의에 의해 조국 땅에서 떠나 세계 각지로 퍼져 살아야만 했다. 1948년 쫓겨났던 옛 땅에 이스라엘을 다시 세운 뒤에도 여전히 많은 유대인이 본토로 돌아가지 못하고 자신들의 언어를 간직한 채 타지를 떠돌며 살고 있다. 그러니 외국어에 능통하고 외국에 대해 잘 알면서 자기 자신까지 아는 민족을 꼽으라면 단연 유대인을 꼽을 수밖에 없다.

자기 자신을 알게 된다는 것은 무엇을 말할까? 크게 보면 생각을 많이 했다는 것을 의미한다. 그러니 위대한 철학자와 사회학자를 포함한 사상가 중 유대인이 많을 수밖에 없다.

떠남과 이산의 역사가 결국은 수많은 위대한 사상가를 배출한 셈이다. 이방인으로서의 삶이 어쩔 수 없이 그렇게 만든 것이다. 그러니 유대인인 짐멜과 슈츠가 이방인에 직접적으로 흥미를 가진 것은 매우 자연스러운 것이다.

그리스어로 이방인은 '파로이코스πάροικος, paroikos'다. 그것은 시민권 없이 어떤 지역에서 토박이 근처에 일시 거주하는 나그네를 말한다. 중세 유럽에서 유대인은 토지도 갖지 못해 농사도 짓지 못하고, 그렇다고 장인이 되어 길드에 들어갈 수도 없는, 그저 투명인간처럼 살 수밖에 없었다. 영원히 물과 기름처럼 섞일 수 없는 존재로 취급받고 살았던 것이다. 어느 날 갑자기 거주하던 게토ghetto에서 다른 곳으로 쫓겨나도 이상하지 않은 운명에 놓인 것이 유대인이었다. 그러니 그들은 정착했던 곳에서 언제든 떠날 준비를 할 수밖에 없었다. 그런 일이 일어날 때마다 쉽게 챙겨서 길을 나설 수 있는 것은 오직 돈이나 귀금속밖에 없었다. 이 때문에 유대인이 금융업이나 상업에 종사할 수밖에 없었으며, 멸시와 천대, 차별은 이방인이었던 유대인의 전유물이었다.

히브리, 이브리 그리고 아바르

그러나 디아스포라 이전부터, 훨씬 전부터 이미 유대인은 이 방인이었다. 유대인을 가리키는 단어 '히브리인the Hebrew'이 바로 이방인임을 가리킨다. 히브리인은 히브리어로 '이브림ימבוים, Ivrim'인데, 이것은 '이브리עברי, Ibri'에서 나왔다. 이브리는 1차적으로 에베르Eber의 후손이란 뜻이다. 에베르는 노아의 홍수 이후에 살아남은 세 아들 중 셈Shem의 증손자로서 그의 후손이다. 그런데 이브리에는 다른 뜻도 있다. 그것은 동사인 '아바르עבר, abar'에서 나온 것인데, 아바르는 '건너다, 피하다, 넘겨주다, 지나가다, 이민을 가다'란 뜻이다. 그래서 이브리 는 '강을 건너온 자'란 뜻도 갖고 있다. 이와 같이 히브리인이 란 단어 속에 이미 떠남이 내재되어 있다.

그런데 《구약성경》에서 히브리인이라고 처음으로 불린 이는 에베르의 직계 6대 후손인 아브라함Abraham이다. 그는 하나님으로부터 고향인 갈대아 우르를 떠나 가나안으로 갈 것을 명받는다. 그렇게 아브라함은 고향을 떠남으로써 유대 인의 조상이 된다. 떠나는 자는 목숨을 걸고 떠나는 것이다. 특히 야만이 지배했던 고대 세계에서 자신이 살던 고향을 떠 나라는 이야기는 곧 죽으라는 말과 같았다. 그러나 아브라함 은 갈대아 우르를 떠나 유프라테스강을 건너 가나안으로 향

했다. 축복의 땅을 약속받았지만 그곳으로 가는 과정은 험난
했다.

후손인 유대인들은 조상 아브라함처럼 그 후로도 계속해
서 떠날 것을 명령받았다. 그들에겐 안온한 삶이란 결코 허
락되지 않았다. 항상 위협과 죽음, 멸시와 굶주림 그리고 학
대와 배제가 그들을 괴롭혔다. 이집트로 가라는 명령을 받았
고, 또한 타지에서 적응해서 어느 정도 살 만해졌을 때 다시
이집트를 떠나 가나안으로 가라는 명령을 받아 이집트를 떠
났고, 광야에서 40년을 떠돌아다녀야 했다. 가나안에 들어가
선 곧 나라가 망해 세계 각지로 흩어져야(디아스포라) 했다.
그리고 다시 돌아갔다가 또다시 나라가 망하고 해외를 떠돌
아다니다 약 2,000년 만에 다른 민족이 살고 있던 옛 땅으로
돌아가 나라를 세웠다.

소외, 분노 그리고 젊음

가히 이브리란 말에 포함되어 있는 말처럼, 그들은 끊임없이
강을 건너고 떠돌아다녀야 했다. 그런데 신기하게도 아바르
는 건너간다는 뜻 외에 '소외되다'라는 의미도 가지고 있다.
소외라는 것은 따로 떨어져 있음을 말한다. 강을 건너며, 지

나가며, 이민을 가며, 거기서 끝나지 않고 소외되는 존재, 그게 바로 히브리인이다. 그게 바로 이방인이다.

이브리와 아바르에는 더욱더 흥미 있는 또 다른 뜻이 포함되어 있다. '화가 나다'와 '젊음과 같이함'이란 두 가지 뜻이다. 강을 건넌 자, 즉 이주한 자, 바로 이방인이 도대체 분노 그리고 젊음과 무슨 상관이 있단 말인가?

떠난 자는 화가 날 수밖에 없다. 달라진 모든 환경 탓에 그는 화가 날 수밖에 없다. 이전에 접했던 것과 생활 태도가 더 이상 효용이 없으니 그렇다. 그렇게 화가 나지 않으면 그 사람은 이방인이 아니다. 그러나 이방인은 자신이 도착한 곳뿐만 아니라 이미 자신이 애초에 머물던 곳에서도 화가 나 있었다. 이전 것에 대한 불만족과 그것과의 불화가 그를 떠나게 만들었다. 차라리 그에게 만족이란 것은 없다고 보는 것이 타당하다. 불만족은 화로 이어지기 십상이다. 그래서 이방인은 화를 달고 다니는 자다. '앵그리 버드angry bird'가 이방인의 별명이다.

만일 이방인이 새로 도착한 곳에서 얼마 있어 화가 나지 않게 되었다면 이는 그가 더 이상 그곳에서 이방인이 아니라는 사실을 말해준다. 그곳이 편해졌다는 말이고 그곳에서 환대를 받았다는 의미기 때문이다. 즉, 그는 현지인이 되어버린 셈이다. 이방인은 배제받고 무시받고 쓸데없는 질문을 받고 의심받아서 화가 나는 사람이다. '여기 이대로가 좋아!' 하는 사람은 결코 이방인이 아니다. 그렇게 마음먹은 사람은 더 이상 나그네가 아니다. 화를 잊어버린 사람, 그는 더 이상 강을 건넌 자가 아니다. 환대와 안일함에 자신의 본분을 망각한 사람이기 때문이다. 강을 건너왔다는 사실 자체를 망각한 자이기 때문이다.

떠나는 자는 젊은 자다. 물리적 나이와는 상관없이 떠남을 강행하는 자는 젊은 자다. 요샛말로 떠나는 자는 '뇌가 섹시한 사람'이다. 이것은 생각이 한쪽으로 굳지 않았다는, 즉 말랑말랑한 뇌로 사고한다는 뜻이다. 이것은 그의 바뀐 환경이 그렇게 만든다. 한편으론 화가 나지만 다른 한편으로 사고하게 하는 것이다. 물론 지나친 사고는 사람을 피곤하게 하는 단점이 있다. 내가 아는 한 지인은 미국으로 이민을 간 지 얼마 안 돼 머리가 하얗게 셌다.

그럼에도 어쨌든 젊은 자만이 감히 떠날 생각을 한다. 앞뒤 재지 않고 앞으로 나아갈 것을 생각한다. 그것은 육체의 나이와는 상관없다. 육체의 곤비함과 빠른 노화를 감수하고서라도 자신이 머물고 있는 곳에서 떠나 앞으로 나아가는 자, 떠나는 자, 그가 이방인의 반열에 오를 자격이 있는 것이다. 그가 설령 머리가 백발이 된 노인이라고 하더라도 떠나는 자라면 그는 분명코 젊은이다.

감행

이방인의 전형적 모델인 히브리인은 치안의 부재, 안전의 부재를 아랑곳하지 않고 생명을 건 이주를 감행했다. 마찬가지로 모든 이방인은 그들의 안전하고 안온한 삶을 뒤로 하고 새로운 삶을 위해 떠난다. 모든 위대한 자는 모두 고향을 떠난 자다. 즉 이방인이다. 낯익은 익숙함과의 결별, 그것과의 의도적이고 의식적인 불화, 나그네의 삶을 택한 것이 바로 이방인이다. 따라서 디아스포라는 유대인만의 전유물이 아니다. 떠나는 모든 이방인은 디아스포라의 주체이자 객체다.

이방인, 떠나는 자는 모든 걸 버릴 준비가 되어 있는 자다. 모든 것을 내려놓을 수 있는 자다. 그를 흥분하게 하고 그에게 안도를 주고 그에게 쾌락을 주었던 모든 것, 이를테면 재산, 권력, 명예 등을 다 내려놓을 준비가 되어 있는 자가 또 다른 미지의 세계에 대한 흥분을 안고 떠날 수 있는 것이다. 그것은 쾌락에 안주하지 않고 의식적인 결별을 고하는 자에 게만 주어지는 것이다.

이미 자의든 타의든 그런 것을 내려놓을 수밖에 없었던 자가 떠남을 강행할 수 있는 것이다. 즉 한번쯤 망해본 자, 인생의 쓴맛을 본 자, 뼈아픈 실패를 본 자, 막장에 가본 자들이 떠남을 쉽사리 강행할 수 있다. 그 정점에는 자기 자신을 버리는 것까지를 포함한다. 자기 자신을 버리는 것을 그리스어로 '케노시스κένωσις, kenosis'라 한다. 이 말의 뜻은 '자기를 비우는 행위'다. 자기를 비울 때만이, 즉 자기 자신까지 온전히 내려놓을 때만이 자기 자신에 대해서 알게 되는 것이다. 그것을 성취할 최우선의 길은 바로 떠나는 것이며, 이방인이 되는 것이다.

5 　만남, 그것은 고통

실제적 모든 삶은 만남이다.
_마르틴 부버

이방인의 변태는 무죄

모든 역사는 만남으로 이뤄진다. 그런데 역설적이게도 만남
은 떠남이 있어야 가능하다. 그래서 만남은 떠남과 쌍둥이다.
그렇다면 떠나는 자는 왜 떠나고, 왜 또다시 다른 이를 만나
는가? 왜 다른 세상을 접하려 드는가? 왜 그는 이방인을 자
처하려 드는가?

　그것은 그가 자기가 속해 있던 곳에서 권태를 느꼈기 때
문이다. 권태를 생래적으로 싫어하는 자가 바로 이방인이 될
운명을 선고받았다. 그에게 만일 인생이 연극과 같은 것이라
면, 그에게 최대 관심사는 공연의 길이(시간)가 아니고 공연
의 내용이다. 지루한 공연은 거부한다. 그는 지루한 권태를

받아들이지 못한다. 그는 토마스 칼라일Thomas Carlyle이 늘 열망했던 것처럼 "권태스럽게 죽느니 차라리 무슨 일이든 벌이다가 소진해 죽을 것"을 택할 것이다.

떠나는 자, 이방인은 그래서 호기심의 사람이다. 모험의 사람이다. 변하기를 두려워하지 않는 사람이다. 그는 신체와 정신 모두에서 역동적인 사람이다. 그는 변태變態하길 꺼리는 누에고치 속 번데기가 아니다. 그러나 이방인의 변태와 나방의 변태는 차이가 있다. 나방의 변태가 단 한 번 일어나는 것이라면 이방인의 변태는 끝이 없다. 마치 물의 흐름처럼 그는 경사에 따라 끊임없이 흐른다.

타인과 지옥

이렇듯 물처럼 흐르려 하는 이방인이 새로운 만남을 거듭할 것은 뻔한 일이다. 그러나 만남은 고통이다. 자동차끼리의 접촉이 사고이고 결국 고통이듯 모든 인간의 만남 또한 고통을 낳는 일종의 사고다. 좋든 싫든 고통이다. 싫으면 싫은 대로 고통이며, 설사 좋은 만남이라 하더라도 시간과 정력, 흔히 동반되는 비용 면에서도 희생이 따라야 하므로 고통이다. 거기에 기쁨이 토핑처럼 살짝 얹혀 있다고 하더라도 잠깐만 느껴지는 것일 뿐이다. 그것이 사라지면 이내 쓰디쓴 고통과 허무가 따른다.

타인은 나의 시간을 뺏으며, 나의 시선을 뺏으며, 나의 말과 나의 정신을 허공에 날려버리게 한다. 타인은 나의 공간과 시간 속으로 침범해 들어와 그것을 무도하게 나누려 든다. 무엇보다 그는 내가 홀로 늙어가는 것까지 그냥 내버려두는 법이 없이 나의 늙음을 잔인하게 목도한다. 타인은 사르트르Jean-Paul Sartre의 말대로 지옥이다. 그렇게 지옥과 같은 타인을 피할 수 없는 게 우리 인간이다.

그러나 그 고통을 감내하는 자만이 동시에 새로운 만남이 가져다주는, 좀 더 오래 지속되는 기쁨을 맛볼 수 있다. 그래서 만남은 고통이며 동시에 기쁨이다. 이방인은 기꺼이 이 둘 모두를 양손에 거머쥐려는 모험가다.

지연된 실감

대부분의 사람은 수많은 타인과의 만남 속에서 그리고 그것과 함께하는 새로운 상황 속에서 이방인으로 그곳에 참여한다. 그리고 그 첫 만남에서 그들의 의식은 현실감각을 상실하게 된다. '실감의 실종'은 이방인이 겪는 독특한 경험이다.

슈츠가 제시하는 이방인의 예—폐쇄적인 사교클럽의 막 들어온 신입회원, 신부 가족을 처음 만난 예비 사위, 대학에 들어간 농부의 아들 등—에서 여지없이 관찰되는 것은 그들이 새로운 집단으로 진입하고자 만남을 시도했을 때 그리고 그런 상황에 접했을 때 현실감각을 상실한다는 것이다. 슈츠의 말대로 이방인은 이제 밖에서 관찰했던, 어렴풋이 그려보았던 세상이 아닌 "생생하고", "최고의paramount" 실재 속에 진입하게 되었다. 아이러니는 완전히 압도당한 현실에서 이방인은 정신줄을 놓고 만다. 그러면 현실감은 그 순간 발동하지 못하고 시간을 두고 천천히 고개를 들게 된다.

이러한 일이 벌어지는 근본적인 이유는 무엇일까? 다시 말해, 이방인들에게 보이는 지연된 실감(혹은 현실감각의 일시적 부재)은 무엇에서 연유한 것일까? 슈츠가 이것에 대한 근본적인 답을 직접적으로 제시한 적은 없다. 그러나 슈츠는 이방인을 "무대 객석에서 무대 위로 뛰어올라 간 관객"에 비유한 적이 있다. 우리는 여기서 힌트를 충분히 얻을 수 있다.

연극을 보러온 관객은 무대 위에서 공연되고 있는 드라마에서 단순한 방관자이자 구경꾼에 불과하다. 그러나 그가 공연이 진행 중일 때 갑자기 무대 위로 불려 올라와서 그 드라마를 이뤄나가는 인물이 되었다고 치자. 객석에 있을 때와 막상 무대에 올랐을 때의 상황은 확실히 다를 것이다. 그가 무대 위에 올랐다는 것은 생생한 현실이다. 그러나 그가 정작 그것을 실감하려면 어느 정도 시간이 필요하다. 바로 지연이다. 객석에 있을 때와 무대 위에 올라왔을 때가 너무나 달라서다.

그 경우 처음엔 누구나 어리바리할 것이다. 모든 것이 그러하다. 일상의 모든 것이 다 그러하다. 그렇게 흘러간다. 처음 접하는 것, 처음 만나는 것과의 조우는 대개 강렬한 인상을 남기지만 그 당시에는 실감의 부재가 치고 들어온다. 그것을 실감하는 것은 훨씬 나중이다. 어느 정도 익숙해진 다음에야 현실감각은 충만해진다. 몸에 뱉 때까지 시간이 필요하다. 실감은 새로운 타인과의 만남, 새로운 환경과의 만남이 자연스럽게 여겨질 때까지, 즉 앞에서 봤었던 자연적 태도가 몸에 뱉 때나 비로소 그 나래를 펼 것이다. 그 이전까지는 지연된 실감이 지배하며, 그러는 동안 이것을 경험하는 이들은 확실한 이방인으로 남을 것이다.

인생은 영화가 시작된 후 늦게 들어간 영화관

누구나 한 번쯤은 영화관에 제시간에 도착 못 해서 영화를 처음부터 보지 못하고, 몇 분 정도 늦게 들어가 본 경험이 있을 것이다. 얼마나 갑갑한가? 그 앞 내용이 얼마나 궁금한가? 그러나 알아낼 도리가 없다. 영화를 보는 동안 친절히 알려줄 이가 없기 때문이다. 그렇게 앞의 흐름을 추정하며 영화의 흐름을 따라갈 수밖에 없다. 그럴수록 앞의 이야기가 더욱더 궁금해진다. 어쩌면 영화를 다 보고 나서도 결말이 왜 그렇게 났는지 시원한 해답을 못 얻을 수가 있다. 왜냐하면 이야기의 끝은 처음과 연결되어 있기 때문이다. 처음을 못 봤으니 결말도 이해하기 어려울 수가 있다.

미국의 비교신화학자 캠벨Joseph Campbell은 인생 자체를 이렇게 영화관에 늦게 도착해 자리에 앉아 도대체 앞부분에 무슨 일이 일어났는지 감을 못 잡고 허둥대는 관객에 비유했다. "인생은 늦게 도착한 영화관 같은 것이다. 도대체 앞부분에 무슨 이야기가 펼쳐졌는지 주위 사람에게 실례가 될까 봐 물어볼 수도 없는, 영화의 결말을 보지도 못하고 그전에 예기치 않게 밖으로 불려 나와야 하는 영화관 같은 것이다." 절묘한 관찰이다.

황당하기 이를 데 없고, 허무하기 이를 데 없는 인생, 그것이 바로 삶이며, 그것이 또한 이방인의 삶인 것이다. 처음도 끝도 알 수 없는, 그렇다고 물어볼 곳조차 없는 애처로운 처지의 인간 그리고 이방인. 그들에게 있는 것이라곤 정답지 없는 의문투성이, 언제 끝날지 모를 불안한 삶의 연속과 지연된 현실감각밖에 없는 것이다. 그렇게 인생은 흘러가고 그렇게 이방인의 삶도 흘러간다.

디폴트와 레시피

이방인은 과거가 없다. 토박이가 갖고 있는 과거에 완전 무지하다. 이것이 얼마나 황당한 일인지 미국 작가 엘리 위젤 Elie Wiesel이 잘 보여준다. "기억이 없다면 문화도 없다. 기억이 없다면 문명도 없고 사회도 없다. 나아가 미래도 없다." 이렇듯 과거의 기억은 문화와 사회에 기초 역할을 한다. 만일 그것이 없다면 결국 아무것도 없음을 이야기하는 것이다.

따라서 과거가 없는 자로서 이방인은 거의 디폴트 상태에서, 진공상태에서 어떤 집단으로 흘러 들어간 것을 말해준다. 물론 새로운 집단에 대해서는 어느 정도의 어렴풋한 인상이나 추정, 얄팍한 지식을 가지고 있을 수도 있다. 그러나 막상 새로운 집단에 진입해 들어가면 그런 것들이 아무 짝에도 쓸모없는 맹탕 지식이라는 것을 뼈저리게 체험하게 된다. 그러면 그 지식은 폐기 수순을 밟는다.

어떤 사회나 그 사회에서 살아가는 데 필요한 기초 지식이 있는데, 슈츠는 이것을 레시피recipe(처방전 혹은 요리법)라 말했다. 그것은 특정 상황에서 사람들이 써먹을 수 있는 비장의 무기다. 토박이는 이 레시피에 통달해 있으며 그것을 당연하게 받아들인다. 그리고 그 레시피를 써먹었을 때 잘 통하면 그 위력은 상당해지고 그럴수록 토박이의 지식은 아무런 문제가 없는 것처럼 보인다. 이것을 함께 공유한 자들은 과거도 함께 공유하면서 서로 더욱 공고한 관계를 형성하는 사람들이다.

이방인은 과거라는 도입부 없이 갑자기 새로운 환경에 뛰어든 자다. 그에겐 과거 자신이 떠나온 집단의 레시피만 있지 현재 속하려 하는 집단의 레시피는 없다. 급한 김에 대강이라도 꿰맞추기 위해 과거 자신이 알던 레시피를 새로운 환경에 적용시켜 보지만 그는 번번이 나자빠지게 된다. 과거의 것이 전혀 새로운 환경에는 아무런 쓸모가 없기 때문이다.

어리바리 이방인

과거가 없는 자, 이방인의 지식이 이런 꼴이다. 처량하기 그지없다. 그는 적응하면서 하나하나 듬성듬성 느릿느릿 새로운 레시피를 알아간다. 그러나 결코 전체는 아니다. 그리고 그 레시피가 과연 제대로 작동할지에 대해서도 늘 의문이다.

토박이가 레시피를 사용하면서 그들의 지식을 '충분히 일관되고 명료하며 지속적인 것으로' 여긴다면, 토박이와 과거를 공유하지 못한 이방인에겐 그저 그들 앞에 내던져진 지식이 서로 연결되지 않는, 서로 상충되는 지식의 원래 그대로의 모습, 즉 단순한 편린으로 존재할 뿐이다. 공유된 과거가 레시피를 전부 꿰뚫어 지식을 일관성 있게 여길 수 있게 만들어주지만 과거가 없는 자에겐 그런 것은 요원하다.

명확한 지식도 이방인에겐 그 경계가 사라진 채 그저 불분명한 것으로 남는다. 그런 지식은 모두 매사에 시험받고 검증받아야 할 것들이다. 토박이에게 무척이나 당연한 것이 이방인에겐 매번 시험과 검증의 대상이 된다. 새로운 환경에 진입한 이방인이 쭈뼛쭈뼛 어리바리한 이유다.

허상

비록 새로운 집단의 레시피를 다 통달하지 못했다 하더라도 이방인은 그것들이 허술하다는 것을 직감적으로 깨닫는다. 그것은 떠나온 곳의 레시피가 허술하다는 인식에서 비롯된다. 말하자면 둘 다 도긴개긴! 아울러 이방인은 새로 참여한 집단의 구성원(토박이)이 아는 생생한 역사적 전통을 공유하지 못하므로 새로운 집단의 지식이나 레시피를 대하는 태도가 토박이와 차이가 난다. 한마디로 토박이의 태도가 레시피를 대단하게 여기는 것이라면 이방인은 전혀 아니다. 이방인의 감상은 조금 흥미 있거나 조금 특이하다 정도일 것이다. 이방인에게 새로운 집단의 레시피는 '원 오브 뎀one of them', 즉 수많은 레시피 중 하나일 뿐이라고 인식하기에 토박이가 그것을 애지중지하는 모습과는 판이하다.

사실 토박이처럼 이방인도 자신이 속해 있던 집단을 떠나오기 전 자기 집단의 레시피와 지식을 대단하게 여겼다. 그러나 상황이 바뀌니 그것들은 무용지물이 되어버렸다. 그것을 대단하게 여겼던 자신이 매우 어리석어 보일 것이다. 다시 말해서 그것에 대한 신비화된 허상을 이방인은 알게 되었다. 허술하기만 한 일상의 레시피와 알량한 지식이 어마어마한 위력을 자랑했던 것도 실은 레시피와 지식 자체의 능력이 아닌 자신과 같은 사람들의 믿음 때문에 가능했다는 것을 이방인은 절실히 깨닫는다.

그것을 깨달은 후 자괴감이 들 수도 있다. 자기가 떠나온 곳의 레시피와 지식이 엉망이고 엉성하다는 것을, 그곳을 떠난 후 이방인이 되어서야 비로소 알게 되었으니 말이다. '절대'적인 것이 '상대'적이 되는 순간이다. 이렇게 떠남과 새로운 만남은 이방인이 이방인 자신을 되돌아보게 하는 기회를 부여한다. 만일 떠나지 않았다면 자신도 전혀 몰랐을 진실, 거기서 오는 허망함, 더군다나 그것을 모른 채 레시피를 대단하게 여기는 우물 안 개구리인 새로운 집단의 토박이의 자부심을 보며, 이방인이 느낄 감정은 복잡할 것이 뻔하다.

비극은 타향살이

그러나 깨달은 자의 허망함과 비극은 여기서 멈추지 않는다. 새로운 집단의 토박이에게 이런 사실을 정확하게 있는 그대로 알릴 방법이 없다는 것 또한 이방인에겐 비극이다. 우선 그들과 소통할 방법이 없다. 토박이는 사이비 종교에 빠져 헤어나오지 못하는 광신도처럼 일체의 다른 말을 들으려 하지 않는다. 그런 의미에서 그들은 괴테가 말한 외국어(다른 세계)를 알려고 하지 않는다. 그들은 외국어를 모르고서도 자신에 대해 충분히 잘 알고 있다고 굳게 믿는다. 다른 언어는 들으려 하지도 않고 아예 귀를 닫으려 한다. 어떨 땐 다른 언어의 존재 자체를 부인한다.

설사 토박이가 들으려 한다고 하더라도 사실상 이방인에겐 들려줄 방도도 없다. 왜냐하면 토박이의 말과 이방인의 말(화법) 자체가 완전히 다르기 때문이다. 그 사이에는 도저히 닿을 수 없는 깊은 간극이 존재한다. 화법들이 하나로 합쳐지거나 하나가 다른 하나를 포섭하거나 대체할 수 없다.

"비극은 타향살이. 토박이와 말을 섞을 줄 모르기에Tragedy is foreign country. You don't know how to talk to natives." 영화 〈엘리노어 릭비The Disappearance of Eleanor Rigby〉에 나오는 대사 중 하나다. 말조차 걸 수 없는 외국인처럼 느껴지는 타인과의 간극을 묘사한 대사다. 극 중에서 자식을 잃은 슬픔에서 헤어나오지 못하고 마음을 닫아버린 딸에게 아버지가 어찌할 바를 모르며 건넨 말이다. 아버지에게 딸은 타국이요, 외국어다. 도무지 소통이 되지 못한다. 그래서 타국(타향)이 비극이라고 말하는 것이다. 타국살이가 비극인 것은 서로의 말이 달라서다. 말이 통하지 않아서라고 말해준다.

이쯤에서 우리는 다시 물어보아야 한다. 앞에서 언급했던 괴테의 말, 즉 자기 자신에 대해 알려면 외국어를 알아야 한다는 말이 과연 타당한 것인가. 외국어를 안다는 것이 과연 가능하기나 한 것인지를 따져 물어야 한다.

괴테의 말은 오히려 외국어의 완전한 정복이 불가능하다는 것을 역설적으로 알려주기 위함이 아니었을까? 그것은 외국어를 배워본 자라면 누구나 알게 된다. 외국어는 늘 모국어로 번역되어야 한다. 모국어로 번역되지 않은 외국어는 그냥 소리일 뿐이다. 외국어와 모국어 간의 일대일 대칭 번역은 절대로 일어나지 않는다. 따라서 완벽한 번역은 불가능하다. 그럼에도 번역이 필수라면 그것은 고통이 아닌가? 결국 괴테의 말은 외국어를 배우는 것이 자기(번역하는 자)가 깨지는 과업이라는 것을 알리기 위함이 아니었을까?

언어의 언저리

슈츠 또한 완벽한 번역이 불가능한 이유에 대해서 친절히 설명해주었다. 엄마의 무릎 위에서 익힌 모국어는 그것을 습득할 때 해석과 표현 도식의 습득이 동시에 일어난다. 하지만 모국어를 익힌 사람이 외국어를 배울 때에는 그것이 단계적으로 일어난다. 해석이 먼저이고 표현은 그다음이다. 해석은 보통 사전에서 배우는 단어와 문법으로 이루어진다. 그러나 말은 사전에 표기된 단어와 거기에 기재된 뜻, 문법 체계로만 이루어져 있지 않다고 슈츠는 강조한다.

말은 그것 이외에도 실용주의 철학자 윌리엄 제임스 William James가 처음 말한 "언어의 언저리 혹은 주연周緣, fringes"이라는 것을 갖고 있다. "언어의 언저리"가 말을 구성하는 데 얼마나 치명적이고 중요한 요소인지를 슈츠가 매우 잘 보여준다. 슈츠는 "언어의 언저리는 시와 같은 것들로 채워져 있어서 음악이 될 수 있을지언정 번역될 수 없는 것"이라고 단언한다. 이 세상에 어느 누가 음악을 번역할 수 있는가? 마찬가지로 사전적 의미 외에 시와 음악 같은 것들로 가득 채워진 말이 다른 말로 일대일로 번역되는 것은 절대로 불가능한 기획이다.

우리 모두는 통역자, 그런데 부실한

타국(타향)살이 하는 이방인의 고충은 말과 관련한 비극이며, 동시에 문화와 제도 그리고 레시피와 지식 등이 관련된 비극이다. 그 어느 것도 화합할 수 없으며 끝까지 평행선을 달리는 것들이다. 서로가 서로에게 말을 건넬 수도 없고 건넨다 해도 번역되지 않는다. 이방인은 타향의 토박이의 대화에 도저히 낄 수 없다. 꿔다놓은 보릿자루, 그게 이방인의 처지다. 그러니 비극일 수밖에 없다.

철학자 데리다Jacques Derrida가 "우리 모두는 중재자요, 통역자"라고 천명했지만(《논점Points》) 안타깝게도 우리가 하는 중재와 통역은 늘 실패할 운명에 놓여 있다. 그것들은 백전백패다. 완전한 통역은 불가능하다. 그렇다면 데리다는 이미 그것을 감안하고 저렇게 말한 것은 아닐까? 가만히 생각

해보라. 왜 중재자가 필요하고 왜 통역자가 필요한가? 원래
는 그것들이 필요 없이 서로가 스스럼없이 통해야 하는 게 인
간이다. 그러나 모든 이가 서로가 서로에게 중재자요, 통역자
가 된다는 것은 역설적이게도 서로서로에게 완벽하게 통하
지 않는 소통상 벽이 있다는 것을 말해주는 것은 아닐까? 그
렇지 않고서야 어찌 우리 모두가 통역자일 리 있겠는가.

우리 모두는 통역이 필요 없는 당당한 대화의 당사자가
되기 불가능하다. 그저 부실한 통역자, 완벽한 통역을 할 수
없는 형편없는 통역자, 무기력하고 불완전한 의사소통의 실
패자임이 분명하다. 그러나 우리는 대충 알아들었을 것이라
고, 불완전한 통역이나마 자신의 의사가 타인에게 전달되었
을 것이라고 생각하고 넘어가려는, 처량한 이방인일 뿐이다.

언어의 일반성과 구멍들

일상의 사람은 자기가 의사소통의 벽에 걸려 좌초하고 있는
이방인의 처지에 있다는 것을 보통은 눈치채지 못한다. 자신
이 명백한 이방인임에도 이방인임을 모른다. 그래서 대부분
의 사람은 이방인의 마음을, 그 처지를 이해하지 못한다. 그
것은 고사하고 이해하려 들지 않는다. 그것은 일상인의 잘못

이라기보다는 그들이 사용하는 언어의 본질 때문에 벌어지는 일이다. 어떤 본질인가?

"언어가 생기자마자 일반성generality이 장면에 껴들어 왔다"고 데리다(《논점》)가 지적하듯, 언어의 특징은 일반성에 있다. 여기서 말하는 일반성이란 보편성 혹은 객관성을 뜻한다. 내 앞의 컵을 나만 컵이라 부르지 않고 내 주위의 모든 사람이 컵이라 부른다. 그게 일반성·객관성·보편성이다.

인간은 일반성에 몸을 맡긴 이상 편안해진다. 이것은 앞에서 언급했던 《이솝 우화》 속 〈참나무와 갈대〉에서 살펴보았던 익명성·모호성과 맥락이 닿아 있다. 그 일반성 뒤에 숨을 때 인간은 편안함을 느끼고 안전감을 갖는다. 그러면 자신이 안온한 세계 가운데 거하는 주민이라고 생각하지 이방인이라고는 전혀 생각하지 않는다. 자신은 동료와 자신과 같은 말을 쓰는 먼 동시대인들과 의사소통에 아무런 문제가 없다고 생각하는 것이다. 그 알량한 말의 일반성에 의지해서 말이다.

그것은 대단한 착각이다. 왜냐하면 일반성의 그물 사이에는 셀 수 없이 많은 구멍이 존재하기 때문이다. 그것은 바로 존재의 구멍이다. 나는 내 말(내가 배운 말)로 내 말이 가진 일반성에 의거해 내 존재를 표현해야 하고, 그 표현된 것들이 내가 되지만 여전히 표현되지 못한 것들은 부모 잃은 고아처럼 영원히 텅 빈 공간에 그대로 남아 있다. 그것은 불편함이며 거추장스러움이며 깔끔하지 않음이며 찜찜함이다. 그것은 개운하지 않음이며 결국엔 낯섦이다. 그 뜻을 잘 안다고 생각하는 어떤 단어를 계속해서 서너 번만 되뇌어보라. 그 단어의 뜻이 온전히 지켜지는가. 그래서 언어의 일반성은 휘발성이다.

언어는 언제든 허공으로 날아갈 준비가 되어 있는데 그 일반성에 전적으로 의지하고 그것을 짝사랑하는 한 결국엔 바람 맞고 홀로 될 공산이 크다. 그러나 우리는 그런 것을 온전히 무시하고 개의치 않으면서 용감하게 언어의 일반성에 몸을 의지하고 내 정신을 의지한다.

나와 같은 말을 쓰는 동족 사이에도 이러한데 전혀 다른 말을 쓰는 외국인과의 대화에서는 어떤 일이 벌어질지, 더 이상의 설명이 필요 없다. 내가 쓰는 말을 사용하지 않는 완전히 다른 일반성이 지배하는 곳에 이방인으로 진입해 들어갔을 때 그리고 그들의 말을 배워서 살아가야 할 때, 그 낯선 일반성 속에서 내 모국어의 일반성은 충돌을 일으키고 그 충돌로 인해 찢어지고 분해된 널브러진 조각과 구멍은 나마저도 산산이 분쇄하고 분해한다. 그렇기에 더더욱 인간은 비록 구멍 난 일반성이라고 하더라도 자기가 맨 처음 접해 습득한 모국어에 집착하게 된다.

왜냐하면 인간은 여러 차원의 일반성 중에서 그나마 가장 낮은 차원의 일반성을 본능적으로 선호하기 때문이다. 일반성은 추상적이다. 일반성의 반대는 특수성이다. 특수성은 구체적이다. 인간은 추상적인 일반성과 구체적인 특수성 모두를 필요로 한다.

나는 배가 고플 때 광고 전단지의 빵(추상으로서의)이 아닌 진짜 김이 모락모락 나는 빵(구체적인 것으로서의)이 필요하다. 그러나 그것이 쇠망치(추상으로서의)여서는 안 되고 빵(추상으로서의)이어야 한다. 그럼에도 그 추상이, 다시 말해 일반성이 아주 높은 수준이어서는 결코 안 된다. 얼마 전 돌아가신 나의 할아버지도 추상이고 나의 15대 할아버지 또한 추상이지만 얼마 전에 작고하신 할아버지가 15대 조부보다는 훨씬 더 구체적이다. 나의 할아버지는 그런 의미에서 구체적인 추상, 즉 낮은 단계의 일반성이고, 15대 조부는 높은 단계의 일반성이요 추상이다. 15대 조부는 나의 직접적인 삶과는 아무런 상관이 없는 할아버지다. 나에게 직접적인 영향을 미치는 조부는 바로 얼마 전 돌아가신 할아버지다. 그게 더 소중하다. 그처럼 모든 언어가 일반성을 띠지만 나의 모국어가 나에게 더 소중하고 애착이 가는 것이다. 그리고 그 애착은 모국어보다 더 높은 수준의 일반성을 띠는 외국어를 접했을 때 확실히 더 절실해진다.

이 얼마나 애잔한가! 그 극복할 수 없는 언어의 한계가, 그 극복할 수 없는 인간의 한계가, 그 극복할 수 없는 이방인의 한계가! 그래서 더욱 애처로운 이방인.

상처

\#

6 무관심,
세상에 대한 그리고 세상의

나는 처음으로 세계의 정다운 무관심에
마음을 열고 있었던 것이다. 세계가 그렇게도
나와 닮아서 마침내는 형제 같다는 것을 깨달으면서.
_알베르 카뮈

실체와 본질

진실은 매우 단순하다. 그래서 때로는 많은 배움이 없어도,
단지 어린아이의 동화 속에서도 우리는 매우 커다란 진리를
발견하게 된다. 다시 《이솝 우화》로 가보자. 이번엔 〈개와 그
림자〉다. 내용은 단순하다. 강아지 한 마리가 한 덩이의 고기
를 물고 개울가를 건넌다. 그러다가 개울물에 비친 자기 모
습을 본다. 강아지는 다른 강아지가 고기를 물고 있는 줄로
착각하고 그 고기까지 뺏겠다는 심정으로 짖어댔다. 결국 자
기 입에 물고 있던 고기까지 개울물에 빠트리고 말았다. '엘
리엇/제이콥스 판'에서는 다음과 같은 교훈을 말한다. "욕심
이 과하면 모든 것을 잃어버린다."

이 우화는 탐욕을 경계하라는 교훈을 주기도 하지만, 좀 더 깊이 생각해보면 그 이상의 교훈이 있다. 개가 본 개울에 비친 고깃덩어리는 그림자, 즉 허상이다. 그러나 개는 허상을 실제로 여기고 탐을 내다 제 입속의 실제 고깃덩어리까지 놓쳤다. 놓친 고깃덩어리는 실체와 본질이다. 허상을 좇다가 패가망신을 해버린 것이다.

아디아포라

이방인이라고 해서 허상을 좇지 않는다고 말하면 틀린 것이다. 이방인도 부지불식간에 허상을 좇을 수 있다. 그 때문에 자기가 있던 곳을 떠나기도 하지만, 떠나자마자 그가 인식하는 것은 바로 허상을 좇아서는 안 되겠다는 깊은 반성이다. 이방인은 떠남을 감행함으로써 그런 자각을 얻게 된다. 자신이 떠남으로 상처를 받으면 받을수록 그는 사물과 사태, 상황에 대한 본질을 꿰뚫으려 애를 쓴다. 결국에 그는 그에게 소중한 것은 결코 눈에 보이는 허상이 아님을 깨닫는다. 그래서 소중한 것이 아닌 것에 대해서는 관심을 도통 두지 않으려 든다. 그런 것은 대수롭지 않은 일로 치부해 무시해버린다.

이런 사소한 것을 가리키는 그리스어가 있다. '아디아포라ἀδιάφορα, adiaphora'다. '차이'의 뜻을 가진 '디아포라διάφορα, diaphora'의 반대말로서 아디아포라는 스토아학파에서 형성된 개념이다. 스토아학파는 덕은 선한 것이고, 부덕은 악한 것이며, 그 밖의 것은 선과 악에 대해 무관한 것으로 받아들였다. 이런 사상에서 유래한 아디아포라는 선도 아니며, 악도 아니고, 명령받지도 금지되지도 않은 것을 가리키는 것으로 발전했다. 원래의 단어 뜻은 '무관심'과 '평상시의, 혹은 무심한'이다. 이래도 그만 저래도 그만인, 즉 어떻게 되든 아무런 차이가 없음과 중요하지 않음을 가리키는 단어다.

영어 단어 'indifference'를 보면 흥미롭다. 그 단어의 어근은 '차이difference'인데 앞에 '반대'를 의미하는 접사 'in'이 붙으면 '무관심'이 된다. 차이의 반대는 '차이 없음'일 텐데, 영어에서는 무관심을 뜻하는 것이다. 결국 무관심은 차이와 관계가 있는 것이 분명하다. 곰곰이 따져보자. 차이를 나게 하는 차이와 차이를 나지 않게 하는 차이는 분명히 구분된다. 그 차이 때문에 영어에서 차이의 반대말이 무관심이 된 것 같다. 다시 말해 보통 차이를 만드는 차이엔 사람들이 신경을 많이 쓰지만, 차이를 만들지 않는 차이에 대해선 신경을 덜 쓸 것이다. 그래서 후자를 사소한 것으로 치부하고 거기에 무심하고 무관심을 보일 것 같다.

그러나 실상은 그렇지 않다. 많은 사람은 별로 신경 쓰지 말아야 할, 즉 별로 차이가 나지 않는 것, 사소한 것에 엄청나게 신경을 많이 쓴다. 이와 관련된 오래된 철학적 논쟁이 스토아학파를 둘러싸고 있었던 것이다. 다만 여기에서는 그 철학적 논쟁을 상세히 훑어보지 않는다.

뭣이 중헌디

이방인의 눈엔 사람이 신경을 쓰지 말아야 할 것, 즉 아디아포라에 신경을 엄청 쓰며 사는 것으로 보인다. 이게 허깨비를 쫓는 것, 허상을 쫓는 것으로 보이는 것이다. 이것을 깨달은 게 이방인이다. 별로 차이가 안 나는 것(즉 차이 없음)이, 무관심하게 대해야 할 것인데 오히려 중한 것의 반열에 올라 중요한 것으로 취급받고 숭앙받는 것에 메스꺼움을 느끼고 격노하는 게 바로 이방인이다. 그리고 원래의 자리로 그것들을 되돌려놓으려 한다. 이방인은 아디아포라의 반대인 디아포라, 즉 차이가 나는 것이 중한 것이라는 것을 말해주려 애쓴다. 단지 그러한 이방인의 애씀은 아디아포라를 중한 것으로 여기는 자에게는 미친 것으로 보일 뿐이다.

사람은 각자 저마다 중한 것을 가지고 있다. 그런데 얼핏 보면 각기 다른 것처럼 보여도, 그들이 사회에 몸을 담고 살아가는 사회인인 이상 중한 것들은 몇 가지로 압축되고 수렴된다. 예를 들면 돈, 명예, 권력, 인기, 건강, 자식, 장수 등으로 말이다. 누가 봐도 중한 것으로 인식되고 추앙되므로 사람들은 그것들을 거머쥐기 위해 모든 것을 걸고 만다. 그러나 그런 것을 중하게 여기지 않는 자가 있다면 그런 사람은 무시될 것이다. 게다가 아예 대놓고 '그게 뭣이 그리 중헌디?' 하고 다른 말을 한다면 그는 사회에서 내놓은 자가 된다. 그는 배제될 운명에 놓이기 십상이다.

그렇게 사회가 아예 눈 밖에 내놓은 이, 그를 나는 꿈꾸는 자, 즉 몽상가라 부른다. 이방인은 죄다 몽상가다. 그는 기존 사회의 구성원과는 다른 꿈을 꾸고 있는 자다. 그러니 대부분의 사람이 중하다고 생각하는 것을, 그는 '뭣이 그리 중헌디?' 하며 반문하는 당참을 보이는 것이다. 이런 당참을 보면, 사회의 나머지 사람들은 이렇게 말한다. "그는 우리와는 영 다른 세계에 사는 사람"이라고. 이런 사람이 이방인이 아니고 무엇이랴.

예를 들면 이렇다. 가족이나 남편, 아내, 혹은 자식에 대한 한없는 사랑, 이것은 물론 중요하지만 달리 꿈꾸는 이에겐 그리 귀중하지 않을 수 있다. 안중근을 비롯한 독립투사들은 모두 다 아는 바와 같이 빼앗긴 나라의 독립을 위해 가정을 우선순위에서 저 뒤로 물린 이들이다. 아니면 국가주의로 똘똘 뭉친 전체주의국가에서 개인의 자율과 자유를 위해 떨어져 나간 이들 모두 기존의 혹은 대다수의 사람이 꾸는 꿈과는 다른 궤적의, 다른 차원의 꿈을 꾸는 자다. 그 꿈을 위해 매진하는 사람이다. 이처럼 대부분의 세상 사람과 달리 꿈꾸는 자는 이방인이다. 이렇게 달리 꿈꾸는 자를 보는 사람은 그런 사람이 이상하게 보일 게 당연하다.

이 세상은 허상. 그렇다면 무엇을 잡을 것인가? 사람은 대부분 진정으로 소중한 것을 무시하고 그저 허상만을 뒤쫓는다. 디아포라에는 무관심하며, 오히려 아디아포라에 관심을 쏟아붓는다. 세상 사람의 이 기묘한 역치易置! 뭣이 중헌디? 이 세상이 주관한, 그리고 이 세상에 팽배한 역치에 반기를 든 자가 있으니 그가 바로 이방인이다.

카뮈의 이방인

그 대표적 인물상을 소설에 녹여낸 이가 카뮈다. 카뮈는 그의 유명한 소설 《이방인L'Étranger》에서 세상과 맞선 주인공 뫼르소를 통해 아디아포라를 제자리로 돌려놓으려 시도한다. 이 소설을 통해 우리는 디아포라와 아디아포라를 역치시킨 자들이 이것을 제자리로 돌려놓으려는 이방인에 대해 어떠한 태도와 입장을 취하는지를 엿볼 수 있다.

그 하나는 역치의 주관자들은 이방인의 입장을 헤아려 자신들을 되돌아보기는커녕 여전히 아디아포라에만 집중한다. 나머지 하나는 그렇게 아디아포라에 집중하면서 그것으로 사람을 판단한다. 이상한 자로 낙인찍는다. 괴물로, 혹은 광인狂人으로 낙인찍는다. 그들이 낙인찍은 이유는 단 하나다. 자기들이 중하다고 여기는 것을 이방인은 중하게 여기지 않는다고 생각하기 때문이다.

뫼르소는 사회적인 규탄의 대상이 된다. 그는 판사와 변호사, 심지어 사제와도 불화하며 분란을 일으킨다. 그는 세상에 철저히 무관심했다. 사람들이 중하게 여기는 모든 것에 대해 그는 철저히 무관심한 태도를 취한다. 그리고 세상에 절망하고 좌절하고 분노한다. 자신이 무관하게 여기는 것을 세상이 중하게 여기는 것을 보고 분노하는 것이다. 거기서부터 떨어져 나가 이방인이 된 뫼르소, 그에게 세상은 단지 아디아포라일 뿐이다.

아이러니, 뫼르소의 깨달음

그런데 상고도 포기한 채 사형 집행만을 기다리던 뫼르소가 마침내 깨달은 게 있다. 그것은 뫼르소가 그토록 무관심하게 여겼던 세상 자체도 그에게 무관심하다는 것이다. 뫼르소만이 세상을 아디아포라로 여기는 것이 아닌, 세상도 자신을 아디아포라로 여긴다는 것을 발견한다. 그것을 인식하자마자 그는 자신과 세상이 서로가 서로를 아디아포라로 여긴다는 것에서 동질성을 띠기에 서로를 형제처럼 여기는 이상한 감정을 갖게 된다. 피차 마찬가지인 세상과 자기 자신. 서로가 서로에게 무관심하며, 서로가 서로를 하찮게 여긴다는 점에서 하나가 됨을 발견하는 것이다. 다른 것에서 비슷함을 발견하게 되는 이상함. 짐멜이 이야기하는 이방인의 특성이다. 서로가 서로에게 무관심하며, 서로가 서로에게 낯선…. 뫼르소 자신은 이방인으로서, 세계는 낯선 세계로서, 바로 아디아포라를 제외하고는 상호 연결되지 않는 철저한 고립과 낯섦이 이상하게도 이들을 서로 연결시키고 있는 것이다. 그 속에서만 정겨움을 느끼는 무관심, 사소함.

아이러니하게도 역치의 주관자들 때문에 뫼르소는 이방인으로 남을 수 있다. 이방인이 이방인으로 남을 수 있는 것이 디아포라 아닌가? 다시 말해 그것이 중한 것이고, 그것이 바로 차이 나는 차이다. 차이는 이방인의 특성이다. 어느 이방인도 차이가 나지 않는 이는 없다. 그는 타인과 세상과 심지어는 자기 자신과도 차이를 낸다. 결국 이러한 깨달음에서 뫼르소는 세상에서 정다움을 느낀 것은 아닐까? 그리고 자신을 그 '세계의 정다운 무관심에 마음을 연 것'은 아니었을까?

도대체 이 세상에 중한 것이 있는가? 어떤 것이 중한가? 무엇이 중한 것인지를 묻는 이방인의 처절한 자기 몸부림을 카뮈는 뫼르소를 통해서 보여주고 있는 것이다. 김화영의 번역으로 카뮈의 《이방인》에서 내가 가장 중요하다고 생각되는 구절을 인용해본다.

마치 그 커다란 분노가 나의 고뇌를 씻어주고 희망을 가시게 해주었다는 듯, 신호들과 별들이 가득한 그 밤을 앞에 두고, 나는 처음으로 세계의 정다운 무관심에 마음을 열고 있었던 것이다. 세계가 그렇게도 나와 닮아서 마침내는 형제 같다는 것을 깨달으면서, 나는 전에도 행복했고, 지금도 행복하다는 것을 느꼈다. 모든 것이 완성되도록, 내가 덜 외롭게 느껴지도록, 나에게 남은 소원은 다만 내가 사형 집행을 받는 날 많은 구경꾼들이 와서 증오의 함성으로 나를 맞아주었으면 하는 것뿐이었다.

자신만이 아닌 세상이 아디아포라라는 것, 즉 세상조차 이방인적이며 이방인으로 가득 차 있다는 것을 알고 뫼르소는 마침내 형제애를 느낀다. 그 사실만이 디아포라이며 중대한 것이다. 그 깨달음 이후에 아디아포라가 디아포라와 화해하게 된다. 가장 중한 것은 바로 가장 중한 것이 아닌 것이다. 별로 다르지 않은 것까지 차이를 인정하는 것, 모두가 모두에게 이방인이고, 이방인이 되는 것에서 행복을 느끼는 것이 중한 것이다. 보잘것없고 사소한 것에 눈길을 주는, 즉 아주 세밀한 차이에도 관심을 기울이고 보호하고 배려하는 것이 가장 중요하다는 깨달음이 뫼르소에게 행복감을 안겨주었다. 그러려면 사소한 것에 관심을 가져야 한다. 무관심의 대상으로 고려되던 것에 관심을 가져야 한다. 그런데 이것이 바로 이방인이 분노하던 역치 아니었던가? 그러나 이 이상한 결말에 도달하여 얻은 깨달음에 뫼르소는 안도했다. 그리고 그 아디아포라가 자신의 사형 집행 날 증오와 함성으로 맞아주기를 간절히 원했다.

차이 나게 하라! 무관심에 집중하라! 그것이 이방인의 필요충분조건이다.

7 다르면서 같은 자

사회는 종종 범죄자를 용서해준다.
그러나 몽상가에게는 국물도 없다.
_오스카 와일드

침소봉대

세상 사람은 사소함에 관심 갖는 것을 뫼르소와는 달리 전도된 형태로 행동한다. 그들은 사소함을, 무관심하게 넘겨서 대수롭지 않게 여기는 아량을 보이기보다는 다른 꿈을 꾸는 이방인을 밀어내고 차별하고 억압하고 모멸하며 학대하고 조리돌리는 데 관심을 쏟는다. 그들은 사소한 것, 무관심해야 할 것, 그저 무심하게 그냥 놔둬도 될 것, 그래서 그렇게 안고 품어야 할 것을 냉대하고 박해한다. 굳이 긁어 부스럼을 내듯 커다란 문제로 만들어버리며 핍박한다.

그 냉대와 핍박의 정점에는 이방인을 광인, 혹은 괴물이라고 취급하는 행태가 있다. 그러나 그렇게 취급받을 것으로 정해진 이들이 그렇게 취급하는 이들과 아주 많이 다른 것은 아니다. 그들 간의 차이는 아주 미미하며 사소하고 대수롭지 않은 것이다. 그러나 그런 취급의 주체들은 그 대수롭지 않은 차이를 아주 큰 것으로 침소봉대한다. 그것은 거꾸로 자신이 갖고 있는 차이를 대단한 것으로 여기는 것을 의미한다. 인간은 침소봉대의 달인이다. 확대 과장의 장인이다. 세상은 이런 이들로 이루어진 길드다. 그 길드의 대장간에선 매일매일 장인들의 손에 의해 그들과 별로 차이를 보이지 않는 쇠붙이인 이방인이 풀무질로 달궈진 뜨거운 불속에서 강제로 몸을 지지고 담금질을 당하며 두들겨 맞고 있다.

광인, 혹은 괴물

푸코에 따르면 중세 유럽에서 광인은 짐승과 유아로 취급받았다. 그런데 이방인 또한 광인 혹은 괴물 취급을 받는 게 정석이다. 리처드 커니Richard Kearney 같은 이는 일상인에게 이방인이란 괴물과 신으로 비유된다고 주장하기도 한다(《이방인, 신 그리고 괴물Strangers, Gods, and Monsters》). 어쨌든 토박이와 다른 꿈을 꾸는 자, 아니면 한 집단 내에서 다른 생각을 품고 있는 자에게 가해지는 배타적이고 모멸적 시선엔 대다수의 사람과 다른 꿈을 꾸는 자를 광인, 혹은 괴물 취급하던 관습이 고스란히 담겨 있다. 한마디로 '저 사람은 정신이 이상해', '정신이 나갔어', '짐승이야' 등의 말을 듣는 것이 바로 이방인이다. 그것은 언어적 낙인이며, 언어적 살인이다. 동시에 그것은 사회적 낙인이며 사회적 살인이다.

여기서 조심해야 할 사실이 있다. 이방인을 광인과 괴물 취급을 하는 사람과 이방인이 완벽히 다른 존재가 아니라는 점이다. 짐멜이 말하길 완전히 다른 존재는 이방인이 될 수 없다. 다른 것 같지만 같은 것이 반드시 있어야 일상인은 그런 사람을 이방인이라 부른다. 그것이 없다면 이방인이라는 말조차 쓸 수 없다. 그것이 없다면 관심의 범주에서 벗어난다. 따라서 아프리카 가나에서 온 사람은 이방인일 수 있어도 외계인은 이방인이 될 수 없다.

이것을 짐멜은 "친근성과 소원성의 일치the unity of nearness and remoteness"로 표현했다. 이방인은 가깝게 여겨지기도 하고 동시에 멀게도 인식된다. 이방인으로 범주화되는 인물은 "적당히 멀거나 적당히 가까운 것을 완전히 넘어선 존재가 아니어야"만 한다. 그것을 완전히 넘어선 존재는 아예 이방인 취급도, 괴물 취급도, 광인 취급도 받을 수 없다.

데리다도 이와 비슷한 지적을 했다. 그는 "괴물을 애완동물로 즉시 치환하지 않고서 '여기에 괴물이 있다'라고 결코 말할 수 없다"라고 말했는데(《진술들Some Statements and Truisms》), 그가 지적했다시피 괴물은 결코 그 자체로 괴물로 인식되지도 선언되지도 않는다. 괴물이 괴물로서 인식되기 위해서는 일단 애완동물처럼 최소한의 낯익은 면이 눈에 들어와야만 한다. 그래야 비로소 괴물은 괴물로 불릴 수 있다.

요주의 인물

이처럼 이방인은 완전히 동떨어진 낯선 존재가 아니다. 익숙한 것이 발견되어서 오히려 낯선 존재다. 그런 존재는 우리 주위에 널려 있다. 우리는 서로 다른 것 같으면서 비슷하고 비슷한 것 같으면서도 차이를 보인다. 그런 의미에서 우리 모두는 죄다 이방인이다. 다른 것 같으면서도 같다. 다른 지역이나 나라 사람을 만나면 다른 점만 있는 것 같아도 언뜻 동질감을 느끼고 뜻이 통한다는 것을 느끼는 경우가 종종 있다. 그런 점에서 의외의 낯섦을 발견한다. 이방인이 바로 그런 존재다. 다름 가운데에도 낯선 비슷함을 발견할 수 있다.

아예 얼토당토않은, 아니면 완전 거리가 있는 말을 하는 사람은 배제나 차별 혹은 핍박 등의 대상으로 자리매김도 못하거나 관심조차 끌지 못한다. 그들은 특정 집단의 대다수 사람에게 속된 말로 '아웃 오브 안중', 즉 안중에도 없는 것이다. 이런 사람은 이방인이 아니다. 이방인은 '아웃 오브 안중'인 듯 보이면서 동시에 오히려 관심의 화살을 집중해서 받고 있는 자다. 요주의 인물로 찍힌 자다. 이방인은 거추장스러운 관심의 화살을 피하고 싶지만 그렇게 하지 못한다. 그러면 그럴수록 한번 빠지면 헤어나오지 못하는 늪처럼 그는 모든 사람의 관심의 대상이 된다. 물론 부정적인 의미에서다. 이방인은 잘못한 게 없음에도 집중 공격의 대상으로 등극한다. 전혀 바란 적도, 바랄 수도 없는 지위의 획득이다.

조금 과장되지만 데리다의 말은 이방인의 특징을 아주 정확히 묘사해주고 있다. "아무도 자신들이 이해할 수 없는 말을 하는 수학자나 물리학자, 혹은 외국어를 구사하는 사람에게 화를 내지 않는다. 오히려 자신들이 알아들을 수 있는 말을 쓰면서 깐족거리는 사람에게 화를 내게 마련이다"《논점》. 사실 TV에 나오는 모든 외국인이 우리에게 관심을 받는 게 아니다. 완전히 동떨어졌다고 여겨지는 외국인은 우리에겐 아무런 존재감이 없다. 이방인으로서의 존재감조차 부여되지 않는다. 그러나 우리말을 천연덕스럽게 쓰는 외국인을 보면 우리는 그를 존재하는 이방인으로 여긴다.

그렇다면 이방인의 정체가 어슴푸레 드러난다. 이방인은 가깝고도 먼 타인이다. 이방인은 그 사이를 오락가락하는 존재다. "가깝게 보이다가도 아주 멀리 있는 사람처럼 보이는 거리감을, 동시에 멀고 먼 사람으로 여겨지던 자가 가까워 보이는 괴이함"을 장착한 타인이 바로 이방인이다. 항상 가까이 있는 것도 아닌, 그리고 항상 멀리 있는 것도 아닌 그런 아리송해 보이는 묘한 아우라를 가진 자가 이방인이다.

그런데 이런 특징, 즉 가깝게 보이다가도 멀리 보이고 멀리 보이던 자가 가깝게 여겨지는 것이 단지 이방인에게만 해당되는가? 짐멜은 이런 특징이 이방인뿐만 아니라 모든 인간 관계에서도 목도된다고 지적한다. 모든 인간은 이방인처럼 서로가 서로에게 가까웠다가 멀어지고 멀어졌다 가까워지는 그런 존재다. 가장 친밀한 관계도 어느 한순간 갑자기 얼음 장처럼 차가운 관계로 돌변할 수 있으며 불구대천의 원수가 하루아침에 동지가 될 수 있는 게 인생사다. 그런데 우리는 우리와 조금 다르다는 이유만으로 이방인을 혐오스럽게 여긴다. 그것도 모자라 광인으로, 괴물로 여긴다. 우리 모두가 그런 이방인이면서 말이다.

과연 누가 미쳤나

토박이는 이방인을 광인, 즉 광기에 찼다고 제쳐두려 한다.

그를 자유롭게 활개를 치지 못하게 하며 가둬두고 핍박한다. 그런데 과연 누가 광기에 찼는가? 광기는 누구의 소관인가? 니체Friedrich W. Nietzsche는 "개인적으로 보면 광기는 드물다. 하지만 집단, 정당, 국가, 시대로 보면 광기는 상례다"(《선악의 저편Beyond Good & Evil》)라고 말했다. 그렇다. 개인별로 보면 실제로 미친 사람은 보기 드문 게 사실이다. 그러나 집단과 사회는 미친 게 보인다. 문제는 자기가 속한 사회나 집단의 광기는 보지 못한다는 데 있다.

집단은 미쳐 날뛰기 쉽다. 미쳐 날뛰면서도 미쳤다고 결코 생각하지 않는다. 마치 술 취한 자가 술 취한 줄 모르고 떠들어대고 주사를 부리듯, 잠자는 자가 잠자고 있음을 모르듯, 집단은 미쳐도 미친 줄 모른다. 그러나 집단에서 벗어난 이방인은 집단이 미친 줄 안다. 자신이 떠난 집단도 미친 것이 보이고, 자기가 새로이 접근해서 속하고 싶어 하는 집단도 미친 것이 보인다. 미친 것을 안다. 이상한 것을 안다. 그런데 오히려 미쳤다고 진단하는 것은, 단정하고 판단하는 것은 미친 집단이지 이방인(개인)이 아니다. 진짜로 미친 개인은 정신병원에 가두지만 집단을 넣어둘 만한 정신병원은 그 어디에도 없으므로 미친 집단은 그냥 방치된다. 그래서 겉으로 집단은 멀쩡하게 보인다. 그렇지만 집단을 가둔 정신병원이 없다고 해서 정신병 자체가 없어진 것은 아니다. 그러니 집단 자체는 정신병동이다. 거대한 정신병동. 우리만 그것을 모를 뿐이다.

집단적 정신착란

에밀 뒤르켐Emile Durkheim은 사회의 본질이 무엇인지를 꿰뚫은 천재 사회학자다. 역시 유대인인 뒤르켐은 평생을 두고 종교가 무엇인지를 탐구했다. 그것은 그가 종교적이라서 그랬다기보다 사회학자라서 그랬다. 이게 무슨 말인가 하면 뒤르켐은 사회와 종교를 등치시켰다.

그런데 뒤르켐이 종교현상에서 발견한 특이한 현상이 있다. 바로 종교현상에 있는 집단 정신착란이다. 흔히 뉴스로 보는 사이비 종교 집단의 사람들을 보면서 사람들은 '저 사람들 미쳐도 어떻게 저렇게 미치나' 하고 혀를 차댄다. 뒤르켐은 이런 현상이 사이비 종교 집단에 국한되지 않고 모든 종교현상에 적용된다고 본 것이다. 그 이유는 각자 따로따로 믿고 행동해야 할 사람들이 한데 묶여 동일한 신앙을 믿고 동일한 행동을 하는 것이 집단적인 광기가 아니고서는 불가능하다는 인식 때문이다.

이러한 뒤르켐의 생각은 고스란히 집단과 사회에 중첩된

다. 그가 볼 때 사회는 광기에 차 있다. 한 사람이 아닌 그 사회를 구성하는 사람들 전체가 한데 미쳐 있는 것이다. 여기에 뒤르켐의 번득이는 통찰이 있다. 그렇게 집단적으로 미쳐 있지 않으면 사회가 존재할 수 없다는 사실이다. 반드시 집합적으로 미쳐 있어야만 사회가 존재 가능한 것이다. 뒤르켐은 사회가 존재하려면 사람들이 "일정한 방식으로 사물을 보고, 일정한 방식으로 그것을 느낄 필요가 있다"(《종교생활의 원초적 형태The Elementary Forms of Religious Life》)고 말했다.

우리 사회가 집단적으로 미쳐 돌아가고 있음을 보여주는 증거를 먼 데 가서 찾을 필요가 없다. 아파트 공화국이라 불릴 만큼 아파트에 대한 병적인 집착과 이른바 명문 일류대에 대한 과도한 집착은 한국 사회가 집단적으로 미쳤음을 보여준다.

여기 부동산을 아디아포라로 여기는 자가 있다고 치자. 또한 일류대를 아디아포라로 여기는 자가 있다고 치자. 대부분의 사람은 그것들을 디아포라로 여긴다. 그리고 그들은 그것을 아디아포라로 여기는 자를 광인으로 취급한다. 이방인으로 취급한다. 괴물로 취급한다. 그렇다면 푸코 식으로, 뒤르켐 식으로 따져보자. 미친 자는 누구인가? 광인은 누구인가? 괴물은 과연 누구인가?

8   왕따, 내 편이 없는

> 괴물을 낳는 것은 잠자는 이성이 아니라
> 불철주야 잠자지 않는 합리성이다.
> _질 들뢰즈와 펠릭스 가타리

FOB와 조롱

유대인은 2,000여 년 전 예수를 십자가에 못 박았다. 그렇다면 만일 그가 지금 다시 온다면 숭배를 받을까? 영국의 비평가 칼라일Thomas Carlyle의 답은 부정적이다. "만일 예수가 오늘날 이 땅에 다시 온다면, 그는 십자가에 못 박히지 않을 것이다. 사람들은 예수를 저녁 식사에 초대해서 무슨 말을 하는지 들으려 할 것이다. 그러곤 한껏 조롱할 것이다." 나도 칼라일의 견해에 십분 동의한다. 예수는 완전히 다른 말씀, 다른 세계관을 펼칠 것이고 사람들은 처음엔 조롱으로 시작하겠지만 결국엔 또다시 못 박을 것이다.

    미국 북동부의 매사추세츠주를 비롯한 6개 주를 뉴잉글

랜드New England라 부른다. 새로운 영국이란 뜻이다. 북쪽으로 올라갈수록 거주자는 거의 다 백인이다. 유색인종을 찾아보기 힘들다. 캐나다를 둘러 보스턴으로 내려오다가 버몬트주에서 숙박을 한 적이 있다. 아침을 먹으러 들어간 식당에서 동양인을 난생처음 보는지 흘끔흘끔 우리 일행을 쳐다보는 것을 경험했다. 마치 동물원의 원숭이가 된 듯한 느낌이었다. 그나마 흘끔흘끔 쳐다보는 것은 다행이다.

영어에 FOB라는 말이 있다. '배에서 막 내려온 자Fresh Off the Boat'의 약자다. '신선한'이란 형용사가 붙어서 좋은 말 같이 들릴지 모르지만, 이것은 미국에 처음 온 사람을 가리키며 조롱하는 말이다. 우리 식으로 이야기하면 '촌놈' 정도가 되겠다. 자기들과 다른 출신, 다른 배경, 다른 말씨, 다른 옷차림 등을 한 자는 이처럼 증오의 대상이 되기 전에 우선 조롱의 대상이 된다. 그다음 멸시와 증오의 대상이 된다. 이방인이 FOB인 것이다. FOB는 토박이에겐 비정상이다. 정상은 토박이의 몫이며, 그들은 초짜에게서 도무지 정상적인 것을 발견할 수 없다. 비정상은 놀림감과 조롱을 거쳐 배제와 멸시 그리고 핍박과 박해의 대상이 된다. 그렇게 괴물이 탄생한다. 토박이에게는 FOB가 괴물이지만, 진정한 괴물은 그들을 조롱하고 핍박하고 박해하는 토박이다.

합리성의 미명하에 자행된

괴물은 어떻게 양산되는가? 그 광기에 찬 괴물은, 잔인한 폭력을 일삼는 괴물은 어디로부터 연유하는가? 그 괴물을 지배하는 것은 무엇인가? 올바르게 생각하지 못하는 이성의 마비인가? 들뢰즈Gilles Deleuze와 가타리Félix Guattari는 결코 아니라답한다. 괴물은 오히려 불면증에 걸린 이성이 과도 활성화되기 때문에 탄생한다고 말한다. 그 잔인하고 폭력적인 가학의 괴물이 합리적 이성 때문이라니, 그 의미를 파악하기 위해서는 비정상이 왜 회피되는지를 먼저 아는 것이 필요하다.

잔인한 괴물은 자신을 정상이라고 생각하고 자신이 조롱하고 핍박하려는 이를 비정상이라 여긴다. 자칭 정상의 부류에 속하는 이들이 비정상을 박대하고 몰아내려는 가장 큰 이유는 뭐니 뭐니 해도 그 비정상이 자신의 코앞에 얼쩡거리는게 싫어서다. 멀리 있는 비정상은 정상의 부류에 아무런 지장을 주지도, 위해와 타격을 가하지 않는다. 그러나 가까이있는 비정상은 정상의 부류가 행동하는 데 잠재적 걸림돌이며 성가실 수 있기에 매우 민감하게 반응한다. 토박이는 자신들이 진리로 여기고 당연시하는 자연적 태도와 세계관 등이 그들의 울타리 속에 진입해 들어온 이방인, 즉 비정상에의해 흔들릴 수 있다는 것을 직감하여 그것에 불안해하고 초조해한다. 앞서 언급했듯 이방인은 그들과는 다른 꿈을 꾸는 사람이기 때문에 그렇다. 이방인은 자신들이 당연시하는 것에 꼬치꼬치 의문을 제기할 공산이 크며 어쩌면 그것으로 자신들의 세계가 흔들릴 수 있다는 데 아연실색한다. 이게 바로 정상이 비정상을 배척하는 주된 이유다.

다른 이유는 비정상을 배척하고 핍박함으로써 정상의 부류에 속하는 이들의 결속력을 향상시킬 수 있기 때문이다. 이것은 결국 비정상이 정상의 희생양이 되는 것을 말한다. 희생양을 통해 토박이 집단에 잠시 일었던, 혹은 있을 수 있는 균열은 재봉합되며, 해이해졌던 기강이 다시 잡힌다. 결과적으로 비정상 때문에 정상의 결속력이 강화된다(Mead, 〈처벌 정의의 심리학The Psychology of Punitive Justice〉).

결국 폭력적 괴물은 고도로 활성화된 합리성, 즉 고도로 계산된 이기심 때문에 출현한다. 합리성의 미명하에 비합리성의 극치인 괴물이 탄생하는 것이다.

패거리와 왕따

어느 집단이나 어느 사회든 패거리가 있다. 패거리를 지어 온갖 이권을 전유한다. 사회학에선 보통 이런 패거리를 비공식적 집단(조직)이라 말하는데, 공식적 조직에 뒤에 가려진 일종의 그림자 조직으로 실제 모든 일이 이들에 의해 좌지우지되는, 이른바 실세를 뜻한다. 우리나라의 경우 학연, 지연, 혈연의 끈으로 연결된 패거리가 여기에 해당한다. 이런 패거리의 최대 피해자가 바로 왕따를 당하는 사람이다. 패거리 문화는 왕따(혹은 따돌림)와 직결된다. 패거리는 음모와 배신의 복잡한 그물망이다. 그러한 그물망에 걸린 허약한 자가 왕따를 당한다. 그는 그물망이 끊어지지 않는 한 그곳에서 탈출하기 매우 어렵다. 자기와 다른 자, 약자, 패거리에 끼지 못하는 자에 대한 배제와 차별, 학대와 핍박은 반드시 따돌림 현상이나 왕따로 나타난다. 또한 이런 곳에서 어떤 패거리에 끼었으나 그런 증오의 가해자가 되는 것에 적극 동참하지 않는 이는 회색분자로, 배신자로 낙인찍힌다. 패거리가 양산하는 또 하나의 이방인이다.

미국의 작가이자 노벨평화상 수상자인 엘리 위젤은 "어떤 사회든 증오하는 광신자들은 단지 나만을 증오하는 게 아니다. 그들은 당신도 증오하고 나아가 모든 사람을 증오한다"라고 일갈했다. 왜 광신자들은 증오할까? 자기애와 자기 이익 추구가 광적으로 극대화되었을 때 타인을 증오한다. 그들은 자기는 사랑하면서 남은 털끝만큼도 생각하지 않는다. 이방인은 전혀 고려의 대상이 아닌 착취와 억압의 대상일 뿐이다. 이들이 증오로 양산하는 이방인은 공존의 대상이 아닌 제거의 대상이다. 그들의 입에서 아무리 허울 좋은 대의와 명분이 흘러나온다 하더라도 말이다.

그러나 그런 패거리 짓기와 증오의 피해자는 단순히 왕따를 당하는 사람만이 아니다. 그 최종 희생자는 바로 패거리를 지어 타인을 증오하는 자기 자신이다. 그 증오는 부메랑이 되어 결국 자기 자신에게 돌아온다. 극진한 자기애와 자기실리 추구의 궁극적 결과는 바로 자기 증오와 자기 파괴다. 위젤은 "어떤 집단을 혐오한 사람은 모든 사람을 증오하는 것으로 귀결될 것이고 결국엔 그 자신을 혐오하는 것으로 끝날 것이다"고 말했다. 참으로 귀 기울여 들어야 할 의미심장한 말이 아닐 수 없다. 자기를 사랑하려는 자여, 이방인을 증오하지 말고 사랑하라. 그게 당신 자신을 사랑하는 최선의 길일지니!

광대

증오와 놀림, 조롱과 학대의 대상인 이방인은 광대와 같다. 쇠렌 키르케고르Søren Kierkegaard의 《이것이냐 저것이냐Either/ Or: A Fragment of Life》를 보면 광대 이야기가 나온다. "극장에서 화재가 발생했다. 광대가 무대로 나와 불이 났음을 관객에게 알렸다. 관객들은 그것이 농담이라고 생각해 박수를 쳤다. 광대가 관객에게 재차 불이 났다고 말했고, 청중은 여전히 더 자지러지게 웃었다. 이런 식으로 세상이 파괴될 것이라고 나는 생각한다. 그 모든 것이 농담이라고 생각하는 재치 있는 사람과 농을 즐기는 자들의 일반적인 재미 가운데서 세상은 파괴될 것이다."

이방인은 광대다. 그는 소속되길 바라는 집단이나 사회의 토박이에게 이상하다고 조롱받고, 웃음거리와 놀림거리가 되며 철저히 무시당한다. 그것을 넘어 갖은 박해를 받는다. 광대가 하는 말은 귓등으로도 안 듣고 그저 웃어젖히는 자칭 정상이라 우기는 토박이는 누구의 말을 들을 것인가? 누구의 말도 듣지 않고 그저 세상 재미에 흠뻑 빠져 도낏자루 썩는 줄 모르고 아무 생각 없이 살 것인가?

물론 그들이 그 어느 누구의 말도 듣지 않는 것은 아니다. 그들은 자기들끼리, 자신과 같은 사람끼리 하는 이야기는 날마다 듣는다. 날마다 들어서 강화가 된다. 일종의 반향실효과 echo chamber effect다. 인공지능이 매일 듣던 이야기와 같은 것을 계속해서 날라다 주는(즉, 필터버블효과filter bubble effect) 데 갇혀서 그것만이 진실이라고 스스로 속게 되는 편향의 상태다. 갇힌 방에서 발생한 소리는 메아리가 되어 내 뇌 속으로 들어가고 그것이 다시 울려서 전혀 다른 세상의 이야기는 주입이 안 되는 상태. 시간 가는 줄 모르고 재간꾼과 농을 즐기는 이들인 토박이는 그들의 자연적 태도 속에서 오가는 말이 너무나 재미있으니 엉뚱한 소리일랑 내지 말라 위협하고 다른 소리를 내는 이방인을 광대 취급하며 한껏 조롱한다. 그리고 다른 소리를 내는 이방인이 귀신 씻나락 까먹는 소리를 한다며 귓등으로도 들을 필요 없다고 재단하고, 다시 재미있게 살자며 서로서로를 격려한다.

물론 이방인의 말이 매사 다 옳을 수는 없다. 이방인도 잘못된 의견을 낼 수 있다. 그러나 그것도 들어봐야 한다. 무엇보다 토박이 자신을 위해서 말이다. 필터버블효과와 반향실효과에서 벗어나는 최선의 길은 다른 견해를 듣는 것이다. 진리는 다른 곳에서 유입될 가능성이 크기 때문이다. 그것을 아예 배제하는 것은 우매하고 무모한 행동이다. 아예 이방인이 하는 말에 귀를 닫으며 그 입을 막으려 하고 그를 자신의 울타리 밖으로 밀어내는 짓은 결국은 자해 행위다.

《우신예찬Praise of Folly》에서 에라스무스Desiderius Erasmus Roterodamus는 노상 듣는 말만 들어야 하는 권세자의 처지를 힐난하듯 다음과 같이 콕 짚어 말했다. "군주들은 커다란 번영 가운데 산다고들 하지만, 내가 볼 때 그들에겐 진실을 말해주는 그 어떤 사람도 없다. 아첨꾼들만을 친구로 가진 군주는 불행한 자다." 간신의 아첨만을 들어야 하는 허망함이 과연 권세자에게만 해당될까? 아니다. 이 세상을 살아가는 모든 사람에게 다 해당된다. 이때 귀 기울여 들어야 할 것은 누구의 말일까? 사람들이 광대라 손가락질하며 조리돌리던 바보의 말이 아닐까? 에라스무스의 답이다. "또 하나 알아야 할 것은, 바보들이 제공하는 무시할 수 없는 선물이 있는바, 유일하게 그들만이 순진하게 있는 그대로를 말하는 사람들 이라는 점이다. 있는 그대로의 진실보다 칭송받을 만한 것은 무엇인가?"

그렇다면 다음 질문의 답은 명확하다. 과연 진정으로 조롱거리가 되어야 하는 바보는 누구일까? 비웃음의 대상이 되어야 할 광대는 누구일까?

9 낯섦의 미학

낯섦 없이 절묘한 미는 없다.
_프랜시스 베이컨

두려워 말라, 약간의 낯섦을

아름다운 것을 싫어하는 사람은 없다. 미가 없다면 칙칙한
삶으로 괴로워할 존재가 바로 우리 인간이다. 그러니 미를
철학적으로 다루는 미학이란 학문도 존재하는 것이리라. 여
기서 전문적인 아름다움에 대해 논할 생각은 없다. 단지 아
름다움에 대한 단상 하나만 피력하기로 한다.

　뭔가 주의를 끌려면 약간 친숙지 않은 것이 가미가 되어
야 한다. 누구나 자기 자식을 예뻐하는 것은 당연하다. 정말
예뻐서다. 아름다워서다. 어디서 이런 걸작이 나왔나 싶다.
특히 갓난아이가 품에 안길 때는 단순한 미적 감상을 넘어
숭고미까지 맛볼 수 있다. 앙증맞은 발가락부터 식빵같이 부

푼 팔을 보노라면 시간 가는 줄 모른다. 하품해대는 입가를 보는 부모의 입가 또한 헤벌쭉해진다. 그런데 자기 자식에게서 아름다움을 느끼는 것은 꼭 부모를 닮아서일까? 아니다. 부모가 가지지 못한 어떤 이질적인 특이한 점을 발견하기 때문이다.

자식이 성장하면서 부모가 갖지 못한 다른 면을 보일 때 부모는 흥분한다. 흥분에 앞서 뿌듯함을 느끼고, 그 모두에 앞서 그 아이가 아름다워 보인다. 단지 나와 똑같다면 뭐가 아름다워 보이랴. 나와 같으면서도 다른 점이 아이에게 보이기에 아름답다. 한배에서 나온 아이들이라도 서로 같아 보이면서 각기 다 다르다. 성격도 다르고 흥미 있어 하는 것도 다르고 재능도 각기 다르다. 마치 지구상에 지문이 같은 사람이 한 명도 없는 것처럼. 모두가 비슷하면서 다르다. 거기에 아름다움이 있다. 만일 모두 같다면 그것은 로봇이다. 공장에서 찍어내는 기계다. 그것에 아름다움이 있을까?

간혹 지하철을 타고 자리에 앉으면 승객들을 둘러보게 된다. 정말 다르다. 비슷하게 생겼으면서도 다 다르다. 멀리서 보면 한국인이라는 걸 대번에 알아볼 것 같지만 하여간 다르다. 약간씩 차이가 난다. 생김새도 다르고 앉은 자세나 서 있는 자세도 다르고 입고 있는 옷도 다 다르다. 너무 아름답다. 달라서 아름답고 편안하다. 그런데 똑같이 생긴 사람들이 그 자리를 차지하고 있다면? 상상조차하기 싫다. 혐오스럽다. 그래서 비슷비슷하게 깎아낸 성형미인을 보면 나는 아름답다는 생각이 들지 않는다.

이처럼 다르게 생긴 것에서 우리는 흥미를 갖고 아름다움을 느끼며 그 흥미와 아름다움을 찾아 그런 것들로 가득한 낯선 세상을 동경한다. 그런 세상 속으로 빨려 들어간다. 어린아이가 집에서만 놀지 않고 밖으로 나가 놀이터에 나가길 원하는 이유도 낯섦에 있다. 놀이터에는 집에서 보는 늘 낯익은 것들 말고 약간의 낯선 것이 있기에 그렇다. 낯선 친구를 만나고 낯선 개와 고양이도 만나고 낯선 꽃과 공기를 만날 수 있다. 그렇게 놀다가 결국엔 부모 손에 잡혀 낯익은 집으로 다시 돌아가기 마련이지만, 어쨌든 아이들은 약간 낯선 곳을 흥미 있어 한다. 새로운 장난감, 새로운 동화책을 찾는 이유다.

이와 같이 인간은 일생에 걸쳐 하나하나 낯선 것을 친숙한 것으로 정복해나가면서 지식을 확장해나갈 뿐 아니라 자신의 미, 즉 아름다움도 점점 더 확장해나간다. 그리고 그 확장된 나에게 다른 사람이 매료되고 빠져들기를 희망한다. 나의 아름다움을 많은 사람이 감상하기를 바란다. 그것이 인지상정이다.

인생이 예술이 되려면

"낯섦 없이 절묘한 미는 없다There is no excellent beauty that hath not some strangeness in the proportion"란 문구는 미국의 작가 에드거 앨런 포Edgar Allan Poe의 것으로 잘못 알려졌는데, 사실 원저작자는 영국의 철학자 프랜시스 베이컨Francis Bacon이다. 그리고 그 말은 프랑스의 시인 보들레르Charles-Pierre Baudelaire 때문에 유명해졌다. 포의 작품에 매료되어 그의 작품을 몸소 번역도 했던 보들레르가, 포가 책의 여백에 휘갈겨 쓴 메모를 모은 산문집인 《여백글Marginalia》을 번역하면서 포가 인용한 베이컨의 말에 시쳇말로 꽂혀서 유명해진 문구다.

영국의 시인 퍼시 셸리Percy B. Shelley를 좋아했던 포가 셸리의 시에서 보이는 전통에 얽매이지 않은 통찰력에 높은 점수를 주면서 인용했던 것이 베이컨의 말이다. 내친김에 미에 대해서 토로했던 보들레르는 "미란 항상 이상한 것"이라고 이야기했으며,《폭죽Fusées》이란 책에서는 미를 다음과 같이 정의하기도 했다. "미, 적어도 내가 생각하는 아름다움이란 열정적이고 슬픈 어떤 것, 약간은 모호해서 추정의 여지를 남겨두는 것이다."

포도 낯섦을 희구하는 예술가적 기질을 1848년 한 친지에게 보낸 편지에서 여실히 노정했다. 그는 정상과 광기 사

114

이를 오가며 요동치던 자신의 심적 상태를 다음과 같이 표현했다. "끔찍한 온전한 정신 상태horrible sanity가 길어지면 나는 미쳐버렸다."

낯섦이 없는 곳, 그곳에선 아름다움을 발견할 수 없다. 예외 없는 일상만이 있는 곳, 그곳은 끔찍한 것이다. 어떠한 흥미를 발견하지 못하고 창조성을 찾지 못하는 무딘 세상이기 때문이다. 획일성과 단일성이 인생을 지배할 때, 거기에 무슨 재미와 흥분이 있을 수 있을까? 무슨 아름다움이 발견될 수 있을까?

푸코는 〈윤리학의 계보학에 대하여On the Genealogy of Ethics〉란 글에서 "왜 우리네 삶이 예술품이 될 수 없을까? 왜 우리의 인생은 예술품이 안 되고 등이나 집만이 예술품이어야 하는가?"라고 묻는다. 이 질문에 대한 답을 베이컨과 포, 보들레르의 미학관에 비춰 잠정적으로 내려본다면 우리네 인생에서 눈곱만큼의 낯섦조차도 우리가 용인하지 않아서가 아닐까? 우리는 사물에는 낯섦을 통 크게 허용하는 넉넉함을 견지하기 때문에 아름다움을 향유할 수 있는 것이다. 그러나 실제 생활에서 보통 사람은 사람과 관련된 일말의 낯섦도 허용하려 들지 않는다. 별로 큰 차이가 아닌데도 조금 다른 이를 조롱하고 비웃고 깔아뭉개며 그 존재 자체를 인정하려 들지 않고 밀어내려고 든다. 내 고장 사람이 아니라서, 내가 나온 학교 사람이 아니라서, 내 종교와 달라서, 나와 다른 아파트에 살아서, 나와 다른 차를 가지고 있어서, 내 정치색과 달라서 등의 이유로 다른 부류의 타인을 용인하려 들지 않는다. 그러니 인생에 아름다움이 파고들 여지가 없는 것이다. 인생이 예술품이 되지 않는 것이다.

이른바 비정상을 이상한 것으로 간주하며 밀어낸 결과로 우리네 삶이 예술품이 안 되는 것이다. 인생은 비정상과 정상의 두 마리 말이 끄는 쌍두마차가 되어야 한다. 어느 한쪽만으로는 온전할 수가 없다. 양쪽이 있을 때만이 인생 자체가 예술이 될 수 있는 것이다. 이것이 바로 이방인을 멀리 배척해서는 안 되는 이유이기도 하다. 그러나 현실은 전혀 그렇지 못하다. 자연적 태도에 절은 토박이는 이방인이 들어설 틈을 조금도 허락하지 않는다. 그런 꼴을 가만히 두고 보려 들지 않는다.

낯섦과 마주하라

나는 2017년 뉴스에 나온 사진 한 컷을 보고 충격을 받은 적이 있다. 장애인을 위한 특수학교를 설립해줄 것을 무릎을 꿇고 호소하는 장애아의 엄마들 사진이었다. 특수학교 설립을 반대하는 서울시의 어느 구 주민들과 설립을 호소하는 학부모 사이의 갈등에서 빚어진 일이었다. 그런데 장애아를 위한 특수학교 설립이 장애아 부모들이 무릎을 꿇고 눈물을 흘리며 호소해야 할 일인가? 아무리 생각해도 나의 결론은 '아니'였다.

내가 좋아하는 사회학자 중 한 사람인 어빙 고프만Erving Goffman은 《낙인Stigma》이라는 책을 썼는데, 요지는 '우리 모두는 낙인찍힌 자'라는 것이다. 우리 모두는 장애와 결함을 가지고 있으며, 어떤 특정 부류의 사람만이 낙인찍히는 것이 아니라고 주장한다. 모두 다 결함과 장애를 안고 있음에도 누구는 누구에게 장애자라며 낙인찍는다. 자신은 정상이라고 낄낄거리면서. 누가 누구를 낙인찍는가? 누가 정상인인가? 고프만의 눈에는 정상인과 낙인찍힌 자가 분리되지 않는다. 그것은 누가 낙인찍는가 하는 관점의 문제일 뿐이다. 고프만은 낙인찍을 자격이 있는 자가 과연 이 세상에 있는지를 묻는다. 과연 우리는 누구를 조롱하고 수군거릴 자격이 있는가? 우리가 그럴 정도로 그들과 뭔가가 다른가? 고프만의 답은 '결코! 아니다!'이다.

인간은 신념의 가축이다. 생각하는 가축. 그러나 그들이 생각하는 것과 그 생각으로 판단하는 것은 대개 썩은 것이다. 거기서 벗어나야 가축 신세를 면한다. 생각에는 두 가지

종류가 있다. 하나는 해방을 위한 것. 나머지 하나는 가축 상태를 자원하는 것. 물론 후자에서 얻는 것은 안도감이다. 일종의 떡고물을 얻어먹을 수 있는 데서 오는 것이다. 그것에만 만족하면 바로 가축이다.

다시 무릎 꿇은 장애아 부모들로 돌아가 보자. 누가 장애인가? 장애학교에 들어갈 아이들인가? 아니면 특수학교 설립에 반대하며 아이들을 받아들이지 못하는 사람들인가? 과연 신념의 가축 상태에 빠져 있는 자들은 누구인가? 장애인은 누구인가?

신념의 가축 상태에서 벗어나길 원한다면 낯섦을 마주하라. 그것과 대면하라. 그것을 회피하지 마라. 타박하지 마라. 왕따를 만들지 마라. 그러면 아울러 그대는 잔인함도 피해 안전지대로 갈지니.

진정한 강자는 가장 약한 자에게 한없이 약한 자이다.

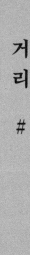

거
리

#

10   가장 작은 자

나는 더 이상 이런 자들에게도 속할 수 없음을 느꼈다.
_올리비아 수직

주변인 혹은 경계인

미국의 시인 랄프 왈도 에머슨Ralph W. Emerson은 "위대한 사람
은 언제나 기꺼이 자신을 낮춘다"는 뜻깊은 말을 남겼다. 위
대한 사람은 작은 자가 되는 것을 마다하지 않는다는 것이
다. 그래서 위대한 자를 보려면 먼저 작은 자가 누구인지 볼
필요가 있다. 작은 자는 많지만 그중 이방인은 가장 작은 자
다. 그는 어떤 집단이나 사회의 핵심에 있지 않고 항상 주변
을 겉돌기 때문이다. 미국의 사회학자 로버트 파크Robert E.
Park는 그런 사람을 주변인 혹은 경계인marginal man이라고 불
렀다. 그가 정의 내린 주변인이란 "단순히 다른 것이 아니라
적대적인 두 개의 문화(혹은 사회)에서 살도록 운명이 결정된

자"다(《인간 이주와 주변인Human Migration and the Marginal Man》). 마치 교집합 속에 처한 사람처럼 주변인은 어디든 속해 있으면서 동시에 어디에도 속하지 못한, 어디에도 오도 가도 못하는, 그런 애매한 신세에 처한 사람이다.

그런데 인간 자체를 주변인으로 볼 수 있겠다. 어느 인간도 하나의 집단이나 사회에만 속하지 않아서다. 과거 전통사회에서도 예외가 아니었다. 결혼으로 두 개의 집단에 속하게 된 부부가 그 대표적 예다. 특히 현대에 이르러서 그것은 더욱 뚜렷한 경향이 되었다. 그러니 정신이 혼미해지지 않을 수 없다. 파크는 주변인의 정신 상태를 "도가니crucible"에 빠진 것으로 비유했는데, 그런 혼란을 감소시킬 유일한 방법은 한 발을 빼는 것이다. 어디에도 정을 붙이지 않는 것이다. 감정의 완전한 소모, 요즘 말로 하면 '번아웃증후군', 즉 소진에서 헤어나올 방법은 모든 것을 걸지 않는 것이다.

그러나 이때 반드시 치러야 할 대가가 있다. 바로 양쪽 집단이나 사회 모두에서 별 볼 일 없는 사람으로 남는 것이다. 눈에 띄지 않는 사람. 가장 작은 자로 남는 것이다. 그런데 에머슨은 기꺼이 작은 자가 되기를 마다하지 않는 사람이야말로 가장 위대한 사람이라고 했다. 왜 그런 자가 위대한 사람인지는 뒤에서 이야기하기로 하고 주변인에 대해 좀 더 알아보자.

자발적 아웃사이더

요즘 직장 내에서 '아싸(아웃사이더를 일컫는 줄임말)'를 자처하는 젊은이가 늘고 있다는 기사를 읽은 적이 있다. 취업난과 경제적 부담 때문에 동료와 어울리는 것을 스스로 자제한 사람이 늘어나고 있다. 생활고로 복잡한 세상사에 신경 쓸 정도의 신체적·정신적 여유가 없는 상태에서 스스로 선택한 외톨이의 삶이라서 많이 안타까운 것이 사실이다. 어쨌든 현실이 현실인 만큼 지금 우리 사회에서 아싸를 보기가 어렵지 않게 되었다. 그러나 예전에는 아싸를 보기 많이 어려웠다. 특히 사회 자체가 집단적으로 흘러가고 강력한 집단의식이 지배하던 아주 먼 과거엔 더 그랬다. 아싸에게 쏟아지는 남들의 시선이 견디기 어려울 정도로 두려웠기 때문이다.

그렇다고 아웃사이더가 완전히 은둔한 채 살지는 않는다. 간혹 어울리는 친구도 있고 속한 집단이 있긴 하다. 아웃사이더이기에 더 그런 게 필요할지도 모르겠다. 그럼에도 아웃사이더는 완전한 주류의 핵심에 들어가지 못한다. 설혹 그렇더라도 낙타가 바늘귀를 통과하는 것만큼 어려운 일이다. 애초부터 들어가고 싶어 하지도 않는다. 국외자의 경우 그저 변방에 있을 뿐이고 그래서 주변인이다.

아웃사이더의 운명

1923년 일본의 간토지역에서 지진이 발생했을 때 엉뚱하게 도 최대 희생자는 재일동포였다. 지진의 여파로 대화재가 이어졌는데, 조선인이 방화와 폭동을 일으키고 우물에 독을 투입했다는 등의 유언비어가 퍼져 3,000명에서 6,000명에 이르는 조선인이 살해되는 대학살의 참극을 빚었다. 이게 바로 주변인과 아웃사이더의 운명이다. 그들은 끊임없이 오해받고 핍박받고 억울한 누명을 쓰고 애먼 공격의 표적이 되어 끔찍한 피해를 입는다.

19세기 말 프랑스에서도 이와 비슷한 사건이 일어났다. 그 유명한 드레퓌스 사건Dreyfus Affair이다. 장교인 드레퓌스가 군사기밀을 독일에 넘겼다는 간첩혐의를 받고 군법회의에서 종신형을 받은 것을 두고 일대 파란이 일었다. 진범이 따로 있다는 증거가 있음에도 드레퓌스의 판결은 뒤집어지지 않았는데 그 이유는 바로 드레퓌스가 유대인이기 때문이었다. 사실 반유대인 정서가 팽배한 유럽에서 이런 일은 다반사였는데 드레퓌스 사건이 주목을 받은 것은 당시 많은 지식인이 들고 일어섰기 때문이다. 작가 에밀 졸라Émile Zola가 드레퓌스의 무죄를 주장하는 〈나는 고발한다J'Accuse…!〉란 격문을 신문에 발표하면서 많은 지식인이 그 주장에 동참했다. 그래서 드레퓌스 사건의 재심 청원 운동에 불이 붙었다.

드레퓌스도 단지 (주변인으로서) 유대인이라는 이유만으로 이러한 곤경에 처했다. 에밀 졸라는 유대인이 아님에도 불구하고 드레퓌스를 도왔다는 이유로 하루아침에 주류에서 주변인의 자리로 끌어내려졌다. 졸라는 기소당해서 징역 1년에 벌금까지 내는 처벌을 당했고 결국 영국으로 망명을 떠나야만 했다.

흔히 드레퓌스 사건 하면 동시에 떠올리는 인물이 졸라이지만, 나는 뒤르켐도 떠올린다. 뒤르켐도 드레퓌스 사건에서 재심 청원에 서명했다. 그 결과는 매우 좋지 않았다. 그는 서명 전에 썼던 《사회학 방법의 규칙The Rules of Sociological Method》으로 학계에서 일약 스타덤에 올랐는데, 드레퓌스 편을 들었다는 이유로 프랑스학술원 회원으로 선정되지 못했다. 물론 뒤르켐 자신이 유대인이기도 했다. 이렇게 주변인이거나 주변인의 편을 들어주면 모두 피해를 볼 운명에 놓인다. 그들은 집단의 린치를 당하며 얻어터지고 깨진 채 피투성이가 된다.

살아 있음을 느끼려면

그러나 얻어터지고 깨어지더라도 살아 있음을 느끼려면 반드시 한번쯤은 주변인 혹은 아웃사이더의 자리에 있어야 한다. 얻어터지고 깨진다는 것은 살아 있다는 증거다. 인간은 살아 있다. 그런데 그저 숨만 쉬고 있다고 해서 살아 있는 것이 아니다. 병상에서 산소호흡기를 끼고 연명한다고 해서 과연 살아 있다고 볼 수 있겠는가. 역동적이어야 인간이다. 신체적으로 움직여야 하며, 또 정신적으로도 움직여야 인간이다. 특히나 불의나 온당치 않은 일을 목격했을 때, 그것도 자신이 일이 아닌 타인의 일에서 불의를 목도했을 때 많은 피해를 보더라도 억울한 피해자를 돕는 일을 감행하면 그가 진정한 인간이다. 우리가 남을 위해 자기 목숨까지 내놓는 사람을 의인이라고 칭송하는 이유도 거기에 있다. 어쨌든 역동적인 삶, 그것이 비록 부정적인 의미라 할지라도 매우 흥미진진한 삶을 영위하는 이야말로 살아 있음을 제대로 느끼는 사람이다. 그런 이들이 주변인이며, 아웃사이더이며, 바로 이방인이다.

이 대목에서 프랑스 작가 브레몽토렝Alain Brémond-Torrent은 내 마음에 쏙 드는 말을 했다. "내가 국외자가 되면 내가 인간임을 알게 된다." 진정으로 내가 살아 있는 인간이 되려면,

그것을 느끼려면 나는 우선 가장 작은 자, 별 볼 일 없는 자, 주류의 사람들에게 손가락질 받고 조롱받고 비난받는, 그래서 얻어터지고 깨져서 피를 철철 흘리는 아웃사이더 혹은 주변인이 되어야 한다. 주류로부터 멀어진 사람이 되어야 하는 것이다. 그게 브레몽토렝의 말대로 내가 인간임을, 살아 있는 인간임을 알고 증명하는 지름길이다.

레바논계 미국인 작가 라비 알라메딘Rabih Alameddine는 이상적인 작가상과 관련해《불필요한 여자An Unnecessary Woman》라는 소설에서 의미심장한 견해를 간접적으로 피력한 적이 있다. "글을 쓴다는 것은 네가 고향에 없음을 아는 것이다." 글을 쓰는 작가가 어떤 사람이라는 것을 이처럼 적확하게 표현한 대목은 없다. 자신의 고향에서 떠난 자, 그래서 국외자가 된 자, 그래서 주변인으로 머무는 자, 그래서 핍박받는 자, 그래서 고통 가운데 자신의 영혼과 몸을 파먹는 자가 곧 작가다.

그런 작가의 글에서 우리는 인간의 고뇌와 한계, 절망과 희망, 증오와 연민에 대해서 귀중한 힌트를 얻는다. 영감을 얻는다. 나는 만일 저런 상황에 자신을 끊임없이 몰아넣으며 자신을 닦달하며 글을 쓰는 작가가 있다면 그를 이방인에 반열에 올려놓을 수 있다. 그리고 그를 기꺼이 만나고 싶어 할 것이다.

11 무너져 내린 자

사람들은 병에 걸렸다.
진실을 못 보는 병에.
_영화 〈로즈〉

질병불각증

사회의 주류에서 벗어나 변방에 머무는 아웃사이더인 이방인은 피투성이가 된 채 널브러질 운명에 놓여 있다. 그러나 그에겐 특별한 보상이 주어진다. 어떤 보상일까? 그 답을 위해서 우선 미국 작가 캐런 파울러Karen J. Fowler가 말하는 인간 조건에 대해 알아야 한다. 그녀는 질병불각증anosognosia을 인간 조건으로 규정했다. 심각한 질병에 걸려 있는데 그것을 자각하지 못하는 상태가 인간 조건이라는 것이다. 물론 여기서의 질병불각증은 육체적 질병을 말함이 아니다. 자신의 존재와 관련된 인식의 질병을 말한다.

영화 〈로즈The Secret Scripture〉에 이런 대사가 나온다. "사람들은 병에 걸렸다. 진실을 못 보는 병에There is sickness in people that stops them seeing the truth." 가톨릭 사제의 빗나간 욕정 때문에 정신병원에 갇혀 자신의 청춘과 남편 그리고 아들까지 잃어버린 여주인공이 토로하는 말이다. 그런데 사람들은 자신이 그런 병에 걸린 줄조차 까맣게 모른다. 바로 파울러가 이야기하는 질병불각증이다. 심각한 병에 걸려 있음에도 그것을 모르며, 심지어 그 병은 진실을 보지 못하는 병이다. 사람들은 진실을 보지 못하는 병에 걸렸음에도 그것을 자각하지 못한다. 이중의 병에 걸린 것이다.

영화에서는 그 질병에서 벗어나는 길로 사랑을 제시한다. 그러나 나는 질병불각증에서 벗어나는 것은 아웃사이더, 즉 이방인이 되어야 가능하다고 생각한다. 그게 바로 주류 세력에게 얻어터져 깨진 이방인이 얻는 특별한 보상이다. 자연적 태도에 빠져 자신들이 어떤 병에 걸렸는지조차 모르는 질병불각증에서 탈출하는 유일한 길은 이방인이 되어 깨지는 것뿐이다. 이 얼마나 값으로 따질 수 없는 특별한 보상인가? 모든 것을 잃는다 해도 귀중한 진실을 얻는다면 기꺼이 그 대가를 치를 만하다.

《우리 모두는 완벽하게 우리 자신을 빗겨나 있다We Are All Completely Beside Ourselves》라는 제목의 소설에 파울러는 이런 문구를 넣었다. "나는 질병불각증에서 벗어난 유일한 자다." 이방인이 바로 질병불각증에 면역된 자다. 그 병으로부터 해방된 자다. 그가 보는 것은 주류가 걸려 있는 병이며, 진실이다.

바다가 된 사람

한없이 으스대는 주류에 의해 만신창이가 된 주변인, 아웃사이더, 이방인은 완전히 무너진 사람이다. 그는 별 볼 일 없는 사람 취급을 받는다. 있으나 마나 한, 아니 아예 빨리 사라져 없어졌으면 하는 불청객이다. 《이솝 우화》에 나오듯, 불청객은 그가 떠난 후에나 가장 환영받는 이다. 불청객인 이방인이 환영받지 못하는 이유는 주류 혹은 토박이의 밑천이 훤히 드러날 수 있기 때문이다. 이방인은 자신이 감히 드러내길 꺼리는 진실을, 혹은 자신이 눈치채지 못한 진실을 직시하게 하므로 그게 두려워서다.

어쨌든 이런 이유로 멸시와 천대 그리고 누명에 이르기까지 온갖 학대를 받은 주변인인 이방인은 한 번도 아닌 수차례에 걸쳐 무너져 내린다. 어떤 이는 인생 전체가 무너져 내린 채 살다 생을 마치기도 한다. 사실 변방에 있는 이들은 없는 이들과 마찬가지다. 그들은 존재 자체를 인정받지 못한다. 존재 자체를 인정받지 못하는 사람들은 인생의 쓴맛에 이골

이 나 있다. 진학, 취업, 진급, 사업, 일, 연애, 결혼, 질병, 사랑하는 이의 죽음 등의 실패와 좌절 등을 겪어 인생의 쓴맛을 경험한 이들이 하릴없이 무너져 내리는 것을 우리는 심심치 않게 본다. 주위는 물론이고 자신이 그런 경험을 겪어보지 않은 사람은 거의 없다.

처음부터 끝까지 승승장구하는 사람은 사실 몇 명 되지 않는다. 극소수를 제외하고 거의 대부분 이런저런 식으로 죄다 쓴맛을 반드시 보기 마련이다. 그런 경험이 많을수록 타인의 곤경과 딱한 처지를 돌아볼 줄 안다. 이른바 공감 능력이 생기는 것이다. 공감 능력은 무너져 내려본 사람만이 누릴 수 있는 선물이다. 교만이 하늘을 찌르는 사람은 자신의 발밑에 있다고 여기는 이들의 사정을 헤아릴 줄 모른다. 그런 처지에 가보지 못했으니 이해하지 못한다. 아니 이해하고 싶어도 이해할 길이 없다.

무너져 내려본 사람은 그렇지 않은 사람보다 도량이 넓고 크다. 자신이 깨진 만큼, 자신이 허물어진 만큼 그 속을 다른 사람으로 채울 수 있다. 그는 포용의 사람이 될 공산이 크다. 이렇게 철저하게 무너져 내린 자가 변방에 있는 자, 특히 주변인이며 이방인이다. 그들은 무너져 내릴 대로 내려 더 이상 무너질 것이 없으며, 밀릴 데까지 밀려 더 이상 밀릴 곳도 없다. 더 이상 가진 것이 없으니 잃을 것도 없다. 돈도 명예도 권력도 그에겐 허락되지 않았다. 그렇게 밑바닥까지 내려가게 된다. 그렇게 되니 그에게 한없는 도량이 허락된 것이다. 그 어떠한 것도 받아들일 포용의 자세도 갖게 되는 것이다. 물론 자신의 주관을 갖고서 말이다.

니체는 《차라투스트라는 이렇게 말했다Thus Spoke Zarathustra》에서 다음과 같은 사람을 학수고대했다. "사람은 바다가 되어야 한다. 오염됨이 없이도 오염원을 받아들이는 바다와 같이." 이방인은 바다가 된 사람이다. 마치 니체가 소청所請한 사람처럼, 비록 초인超人까지는 아니라 할지라도.

맷집

무너져 내린 사람은 시련과 고통을 견뎌낼 맷집도 든든하다. 웬만해서는 나가떨어지지 않는다. 어쩌면 그래서 더 매를 벌지도 모른다. 어지간해서는 떠날 것 같은데 그러지 않고 끝까지 남아 버티는 이방인을 곁에 두고 주류와 토박이가 맞닥뜨리는 것은 말고기와 같이 질기디질긴 이방인의 근성이다. 웬만해선 포기가 없는 맷집이다.

그런 맷집으로 주변인인 이방인은 주류의 최고 권력조차도 우습게 여기는 배포도 보인다. 이른바 견유학파犬儒學派

로 불리는 철학자 디오게네스Diogenes와 알렉산드로스 대왕의 일화는 모르는 사람이 없을 정도로 유명하다. 견유학파는 냉소주의Cynicism를 말하는데, 자연과 일치된 삶을 추구하는 것을 인생의 목적으로 삼는 철학 사조다. 그게 왜 개와 관련이 있는가 하면, 냉소Cynic란 말이 고대 그리스어인 '키니코스κυνικός, kynikos'에서 나왔고, 그 뜻은 '개와 같은dog-like'이다. 또 그것은 '키온κύων, kyôn'에서 파생했다. 뜻은 '개'다. 개처럼 단순하게 사는 것을 모토로 디오게네스는 아테네의 아크로폴리스에서 항아리를 집으로 삼아 살았다. 디오게네스는 자신을 '하플로키온Ἁπλοκύων, Haplokyon', 즉 '그냥 개'라고 불렀다.

플루타르코스Plutarchos가 전하는 디오게네스와 알렉산드로스와의 만남을 요약하면 이렇다. 알렉산드로스가 세계를 정복한 후 많은 정치가와 철학자가 그를 찾아가 칭송했다. 그러나 알렉산드로스가 보고 싶어 한 이는 디오게네스였다. 정작 디오게네스는 코빼기도 보이지 않았고 코린트에 머물고 있었다. 디오게네스는 알렉산드로스 대왕에 대해서 요즘 말로 '1'도 몰랐다. 아무런 관심이 없었기에 그저 교외 지역에서 한가하게 시간을 보내고 있었을 뿐이다. 답답했던 알렉산드로스가 먼저 디오게네스를 보러 왔고 태양 아래 누워 일광욕을 하고 있는 디오게네스를 발견했다. 반갑게 먼저 다가가 인사를 한 이는 알렉산드로스였고 왕은 디오게네스에게 원하는 게 있으면 다 들어주겠다고 말했다. 그 말을 듣고 디오게네스가 답했다. "아, 됐고, 햇볕이나 가리지 않게 비켜주시오." 알렉산드로스는 자신을 경멸하는 디오게네스의 오만함과 위엄에 충격을 받고 한없는 존경의 눈으로 그를 바라봤다. 돌아가는 길에서 알렉산드로스는 신하들에게 웃으면서 이렇게 말했다. "내가 알렉산드로스가 아니라면, 진정 나는 디오게네스였으면 한다."

세상의 최고 권력자 알기를 우습게 여기는 배포, 아니 그가 누군지조차 모르는 아웃사이더. 이 대목에서 묻지 않을 수 없다. 진정한 강자는 누구인가? 진정으로 위대한 이는 누구인가? 아이러니하게도 가장 작은 자가 가장 위대한 자이며 가장 강한 자의 반열에 등극한다. 보라, 천하를 정복했던 알렉산드로스조차 자신이 아니라면 디오게네스가 되겠노라고 시인하지 않는가. 그 작은 자를 굳이 직접 찾아간 알렉산드로스도 보통 인물이 아니다. 보통 인물이 아니니 그 자리에 올라갔을 것이다. 그러나 그가 부러워했던 사람, 그가 감탄해 마지않던 사람, 그가 존경한 사람은 가장 낮은 자리에서, 가장 볼품없게, 가장 자연스럽게, 가장 소소하게 삶을 살던 디오게네스였다.

디오게네스가 그렇게 된 것은 무엇 때문인가? 그는 당시 주류의 핵심에 들어가고자 하는 욕심이나 야망이 털끝만큼도 없었다. 그는 그런 것을 무시하면서 스스로 무너져 내린 삶을 택해 아웃사이더를 자처했다. 개처럼 먹고 자고, 시간을 보냈다. 개의 눈에는 이 세상의 돈도, 권력도, 명예도, 아무 것도 대단해 보이지 않는다. 돈과 권력자와 명예를 알아보는 개가 있다면 그것은 더 이상 개가 아닐 터다.

물론 우리가 모두 개처럼, 디오게네스처럼 살 수는 없다. 그러나 디오게네스의 삶과 철학에서 중요한 측면을 간파해 내고 그것을 교훈으로 삼는 것이 중요하다. 그것은 바로 깨진 인간, 무너져 내린 인간, 정신이 피투성이가 된 인간, 그래서 맷집이 단단해진 인간만이 그렇지 않은 인간보다 더 풍요로운 삶을 살 가능성이 커진다는 것이다. 이때의 풍요로움은 꼭 물질의 풍요로움을 의미하지 않는다. 뒤로 물러서면 물러설수록 그 반발력으로 앞으로 나아갈 수 있다. 그러니 깨짐을 두려워하지 말라. 실패를 두려워하지 말라. 좌절 속에서 절망하지 말라. 그것은 당장은 당신에게 독처럼 보여도 약이 될지니. 인생은 생각보다 길다.

아웃사이더에게도 때로는 영광이

가장 작은 자로 남은 디오게네스에게 제국의 1인자가 스스로 찾아왔듯, 아웃사이더이자 주변인인 이방인의 삶이 항상 지지리 궁상만은 아니다. 쥐구멍에도 볕 들 날이 있듯이 가끔은 그에게도 서광이 비칠 때가 있다.

일상생활에서 가장 친하다고 생각하는 자식에게조차 털어놓지 못하는 속내를 피 한 방울 전혀 섞이지 않는 남에게 토로하거나 의논하는 사람이 적지 않다. 자신이 애지중지하는 재산도 가족에게는 공개 못 하면서 생판 남에게 맡기는 사람도 있는 것이다. 단지 그게 오히려 속이 편해서일까?

그런 일들이 심심치 않게 일어나는 이유는 바로 아웃사이더 혹은 주변인, 즉 이방인이 가진 독특한 특징 때문이다. 그들은 어떤 일의 이해 당사자가 아니다. 이해관계에서 멀다. 한참이나 거리가 있다. 이해관계가 없어 마음을 비운 자들은 매사 모든 일을 대할 때 공평무사하게 일을 처리한다. 그러니 그들에게 중요한 일을 맡기는 것은 당연지사다. 보통은 주류와 거리가 있다고 갖은 냉대와 수모, 핍박을 받던 이들이, 바로 그 거리가 있다는 사실만으로 중요한 직책을 맡을 수 있다.

짐멜에 따르면 중세 유럽에서 기피와 혐오의 대상이던 유대인이 중요한 재판에서 판관으로 임명되는 일이 빈번했다. 멀리 갈 필요도 없다. 2002년 월드컵 감독으로 외인 히딩크 Guus Hiddink가 기용된 이유도 단순히 선진 축구 기술을 습득하기 위함만이 아니었다. 학연 등의 인맥으로 얽히고설켜서 복마전이 되어버린 한국 대표팀 선수 기용의 고질적인 문제를 풀 사람은 이방인밖에는 없었던 것이다. 이방인만이 그런 기존의 난마처럼 얽혀 있는 연에서 완전히 자유롭기 때문이다. 그리고 그것은 소정의 성공을 거뒀다.

이를 두고 사회학자 로버트 파크는 《인종과 문화Race and Culture》에서 다음과 같이 말했다. "보다 탁 트인 시야와 날카로운 지성 그리고 보다 초연하고 합리적 관점을 지닌 인간인 주변인은 항상 상대적으로 보다 더 개화된 인간이다." 파크가 말한 주변인의 "탁 트인 시야"와 마찬가지로 짐멜도 이방인이 "조감도bird-eye view"를 갖고 있다고 지적했다. 조감도란 마치 하늘 높이 올라 나는 알바트로스처럼 아래를 넓은 시각에서 조망하는 것을 말한다. 이방인은 나무 하나를 보지 않고 숲 전체를 보는 거시적인 시각을 갖고 있다는 것이다. 이방인이 사적 이해를 떠나 그렇게 현상을 바라볼 수 있는 시각을 갖는다는 말이다.

슈츠 또한 이와 비슷하게 객관적인 관점인 "또 다른 잣대another yardstick"를 갖고 있는 것이 이방인이라고 말했다. 이방인은 어느 한 집단의 잣대로만 사물이나 현상, 사태를 보지 않고 상대적으로 보는 식견을 지녔다는 것이다. 그것은 한쪽 집단이나 진영으로 기울어져서 올바른 판단을 내리지 못하게 하는 온갖 편견에서 벗어나게 해주는 장점이 있다. 적국에 파견한 스파이가 객관적 시각을 견지하지 못하고 오직 자신을 파견한 나라에 듣기 좋은 정보만 선별해서 자기 나라에 보낸다면, 그런 정보는 쓰레기나 마찬가지다. 비록 듣기 좋은 정보가 아니라 할지라도 정확한 정보를 전달하는 스파이가 진정으로 쓸모 있는 정보원이다. 그러려면 그는 객관성을 견지해야 한다. 자신이 습득한 정보가 달면 삼키고 쓰면 버리는 것은 정보원인 자기나 자기 나라에 하등 도움이 되지 않는다. 사실을 있는 그대로 전달하는 게 그의 임무다. 마치 임무에 충실한 스파이가 견지한 객관적 잣대와 같은 것을 이방인은 갖게 된다고 슈츠가 말한 것이다.

어쨌든 이들 학자가 말한 특수 무기를 장착한 이방인은 항상은 아니지만 가뭄에 콩 나듯 아주 가끔 집단의 주류 세력에 특별 기용이 되어 환영을 받을 수도 있다. 그럼에도 그것은 말 그대로 가뭄에 콩 나듯 아주 가끔이며, 대개 다시 그들의 원래 자리로 쫓겨나거나 스스로 물러나 그 이전처럼 존재하지 않는 유령 취급을 받는다. 그러나 파크가 말했듯 이방인은 "항상 상대적으로" 주류 혹은 토박이보다는 좀 더 넓은 시야와 합리성과 객관성을 갖는 것만은 사실이다.

그것은 주류 집단과 그들의 거리에서 비롯된다. 집단에 매몰된 지성은 더 이상 지성이라 할 수 없다. 그래서 나는 요즘 유행하는 집단지성이란 말을 매우 싫어한다. 집단지성만큼 우매한 것은 없기 때문이다. 우매에서 벗어나려면 집단과 멀어져야 한다. 그러려면 일단은 무너져 내린 경험을 가져야 한다. 지혜를 갖기 위해선 그것은 필요충분조건이다. 디오게네스에 대한 이야기를 하나만 더 하고 이 장을 마친다. 디오게네스는 어느 날 모든 사람이 무리 지어 극장에서 몰려나올 때 오히려 극장으로 들어갔다. 왜 그러느냐고 이유를 묻자 그는 "이게 내가 여태 살아온 방식이야"라고 퉁명스레 답했다.

> 내가 옳게 성장하기 위해선 또다시 광야로 나가야 한다.
> _프리드리히 니체

황무지

광야는 고통과 괴로움을 통해서 사람을 성숙시킨다.

미국의 사우스다코타주의 배드랜드 국립공원Badlands National Park에 간 적이 있다. 나쁜 땅, 그야말로 황량한 광야다. 아무것도 살 수 없는 광야, 아무짝에도 쓸모없는 땅, 간혹 산양이 뛰어다니지만 도대체 그 풀 한 포기 나기 힘든 곳에서 어떻게 살지 의문이 들었다. 이런 데서 차를 타고 가다가 만약 고장이 나서 조난이라도 당한다면 어찌 될까 하고 생각했었던 게 기억이 난다. 황무지! 그야말로 사람이 살기 매우 어려운, 그늘도 풀 한 포기도 물 한 모금도 얻을 수 없는 황량한 광야. 그런 곳에서 생고생을 해야 성숙한 인간이 될 수 있다니….

그러나 광야를 예찬한 이는 너무나 많다. 그중 니체는 다시 사막으로 돌아갈 것이냐는 물음에 "자신이 옳게 성장하기 위해선 황무지 광야가 필요하다"고 《여명Daybreak》에서 말한다. 그가 사막으로 나가려는 이유는 모든 사람이 함께 쓰는 공동 샘물cistern을 마시지 않기 위해서다. 니체는 "대중 속에서 나는 그들처럼 살 뿐 진정으로 내 방식대로 생각하지 못한다. 그렇게 살다 보면 항상 나의 고유함과 혼이 탈탈 털린다"고 말했다. 그것을 견딜 수 없기에 자신은 대중과 함께 있다가도 곧바로 광야로, 사막으로 가야 할 필요성을 느낀다는 것이다. 탈탈 털린 영혼의 회복을 위해서 필요한 게 홀로 광야로 나가는 것이라는 주장이다.

그런 원대한 포부에도 불구하고 막상 광야로 나가면 직면해야 하는 것은 괴로움과 고통이다. 그런데 세상 일이 다 그렇듯 잃는 게 있으면 얻는 것도 있는 법. 삭막한 광야에서 그는 기존의 친구, 친지, 가족과 단절돼 격리되면서 오롯이 자신과 대면할 시간을 갖게 된다. 그는 자기가 형체가 없는, 실체가 없는, 명백한 한계를 지닌 인간임을 그곳에서 깨닫게 된다. 마치 고아처럼 차단되고 격리된 광야로 나간 사람. 그를 감싸준 모든 것을 잃어버린 사람. 재산, 부, 명예, 권력, 열의와 열정조차도 모두 상실한 인간. 그래서 피곤과 공포만이

그를 휘감을 때 그는 자신이 뒤에 남겨두고 와 잠시나마 그
리웠던 것에 부여했던 과거의 가치를 모두 거둬들이거나 새
로운 것에 방점을 찍는다.

예를 들면, 가장 중요한 것은 지금 당장 살아남아야 할 생
존이며, 그것을 위해 죽음의 공포부터 극복해야 함을 깨닫는
다. 그리고 목을 적실 수 있는 아침 이슬에도 감사함을 느낄
것이다. 그것은 일종의 새로운 가치관의 발기다. 눈뜸이다.
그러한 자각에서 시작해 그는 자신에 대해 철저히 반성하는
시간을 갖게 된다.

단산지

광야는 단순히 문자 그대로 척박한 땅을 말하는 것이 아니
다. 사람이 없는 곳, 사람으로부터 떨어진 곳이 광야다. 그래
서 숲이건 어디건 사람과 격리된 곳이라면 다 광야가 될 수
있다. 격리감을 갖는다면 심지어 많은 사람이 모여 사는 곳,
이를테면 대도시마저도 광야가 될 수 있다. 카뮈 같은 이는
대도시를 황무지로 묘사하기도 했다. 그는 역설적이게도 오
늘날 진정으로 성숙한 사람이 되려면 대도시로 갈 것을 권장
한다. 말하자면 산속으로 홀로 들어가는 것보다는 삭막한 대

도시의 소음 속에서 오히려 인간이 되기가 더 쉽다는 것이다. "현재로선 우리가 소유한 유일한 사막은 그것뿐"이라는 그의 말에서 천재적 예리함이 엿보이지 않는가?

물론 사람의 발길이 닿지 않는 깊은 숲속을 광야로 택한 이도 있다. 직장이 있는 대구에 와서 가장 마음에 들었던 곳이 단산지란 저수지다. 팔공산 앞자락에 있는 곳인데 봉황이 춤춘다는 것을 뜻하는 봉무공원으로도 알려져 있다. 단산지를 둘러 산책하는 코스는 여러 개이지만 보통은 연못가를 약 40분에 걸쳐 도는 코스가 좋다. 그곳이 마음에 든 이유는 미국 보스턴 외곽의 콩코드에 있는 월든 호수Walden Pond와 비슷하단 인상이 들어서였다. 보스턴에 갔을 때 제일 먼저 가고 싶었던 곳이 바로 월든 호수였다. 단산지는 월든 호수와 분위기가 비슷했다. 그래서 마음에 쏙 들었던 것이다.

"1845년 3월 말경, 나는 도끼 한 자루를 빌려 들고 월든 호숫가의 숲속으로 들어갔다"는 구절로 본격적으로 시작하는 헨리 데이비드 소로Henry D. Thoreau의 《월든Walden》은 요즘식으로 이야기하면 자연인이 된 소로의 수필집이다. 그는 온갖 욕망에 사로잡혀 정신없이 살아가는 도시를 떠나 사람 하나 없는 한적한 시골 숲속으로 들어가 자리를 잡았다. 월든 호수에 가면 그가 거했던 집과 비슷한 오두막이 복원되어 덩그러니 있다. 침대와 책상, 의자와 벽난로가 있는 소박한 공

143

간. 그곳에서 소로는 2년간 속세를 떠나 스스로 단절된 삶을 살았다. 이른바 명문 하버드대를 나왔기에 십중팔구 세속적인 성공이 보장된 삶이 기다리고 있음에도 그것을 벗어던지고 오지로 들어간 그를 보통 사람이 이해하기란 그리 쉬운 일은 아니다. 그래서 그는 분명 이방인이다.

그가 숲속으로 왜 들어갔는지는 몇 개의 문장을 보면 이유를 알 수 있다.

내가 숲으로 들어간 것은 인생을 의도적으로 살아보기 위해서였으며, 인생의 본질적인 사실들만을 직면해보려는 것이었으며, 인생이 가르치는 바를 내가 배울 수 있는지 알아보고자 했던 것이며, 그리하여 마침내 죽음을 맞이했을 때 내가 헛된 삶을 살았구나 하고 깨닫는 일이 없도록 하기 위해서였다. (중략) 사람들이 찬양하고 성공적인 것으로 생각하는 삶은 단지 한 종류의 삶에 지나지 않는다. 왜 우리는 다른 여러 종류의 삶을 희생하면서까지 한 가지 삶을 과대평가하는 것일까? (중략) 왜 우리는 성공하려고 그처럼 필사적으로 서두르며, 그처럼 무모하게 일을 추진하는 것일까? 어떤 사람이 자기 또래들과 보조를 맞추지 않는다면 그것은 아마 그가 그들과는 다른 고수의 북소리를 듣고 있기 때문일 것이다. 그 사람으로 하여금 자신이 듣는 음악에 맞추어 걸어가도록 내버려 두라. (중략) 그가

남과 보조를 맞추기 위해 자신의 봄을 여름으로 바꾸어야 한다는 말인가?(강승영의 번역)

보스턴에 있을 때 월든 호수 말고 기회만 닿으면 자주 방문하던 곳이 또 있다. 미국의 국민시인이라 불리는 로버트 프로스트Robert Frost가 집필하던 별장이다. 각각 뉴햄프셔주와 버몬트주에 있는 데 그곳은 정말 사람의 발길이 닿을 수 없는 외딴 곳에 덩그러니 있다. 그런 외진 곳에서 자연만을 벗 삼고 글을 쓰는데 사람의 감정을 후벼 파는 아름다운 글이 나오지 않는다면 그게 더 이상할 것이라는 생각이 방문할 때마다 들곤 했다. 멀리 바라보이는 화이트마운틴과 곰이 자주 출몰하는 숲속의 오솔길. 그런 곳에서 프로스트의 〈가지 않은 길The road not taken〉 같은 멋진 시가 나온 것이다. 프로스트와 소로는 그렇게 글을 쓰기 위해, 인생의 참 의미를 깨닫기 위해 복작거리는 장소를 피해 사람 없는 깊고 깊은 숲으로 들어갔다. 그들에게 있어 숲은 광야였다.

잠수

이렇게 대중과 떨어져 나간 사람이 이방인이다. 요즘 식으로 말하면 잠수다. 그들이 잠수를 탄 곳이 어디든 그곳은 사람 없는 광야다. 세상으로부터 멀어진 이들, 그들이 보통 사람은 분명히 아니다. 그들은 괴짜라고 손가락질받는다. 때로는 은둔자라고 비난받는다. 그러나 그렇게 함으로써 그들은 자신의 존재를 지킬 수 있다. 그것이 바로 그들 자신을 자신들로 있게 하는 유일한 길이라고 생각하고 실행에 옮긴 것이다.

프로스트나 소로 같은 천재적 예술가만 세상을 등지고 세상 밖으로 멀리 떨어져 스스로 격리된 삶을 산 것이 아니다. 위대한 성인도 그렇게 했다. 대중의 인기가 하늘만큼 치솟을 때 예수는 대중을 떠나 산으로 홀로 올라갔다. 대중 앞에 나서기 전에도 그는 광야에서 40일 동안 금식하며 자신을 사막의 모래와 열기 속에 증발시켰다. 석가모니도 모든 것을 버리고 출가했다. 그들은 모두 광야로 나갔다. 광야로 나가 홀로 섰다. 대중을 위해 왔지만 대중에 영합하거나 그들의 환심을 사고자 하는 일은 결코 없었다.

당신이 창의적이라면

미국의 시인 크리스 자미Criss Jami는 "창의성을 지키고 싶기 때문에 나는 가능한 한 치열하게 보통 사람보다 더 세상과 단절해 고립된 채 머물려 한다"(《킬로소피Killosophy》)고 말했다. 이처럼 사람들과, 즉 대중과 거리를 두는 이유는 자신의 존재를 지키기 위함도 있지만, 자신만의 고유한 창의성을 무디게 하지 않기 위해서라는 또 다른 이유가 존재한다. 대중에게서 멀어지면 멀어질수록 번득이는 아이디어가 떠오르고 복잡한 생각이 말끔히 정리되곤 한다.

그런 맥락에서 나는 대학교는 반드시 산을 끼고 있어야 한다고 생각한다. 현재 내가 속한 대학이 산을 끼고 있지 않은 터라 그런 대학을 보면 무척 부럽기만 하다. 확실히 산을 끼고 있는 대학은 아카데미로서는 천혜의 요지다. 왜 그런 생각을 하게 되었느냐 하면 나부터도 산길을 걸으면서 사람들과 떨어져 홀로 있을 때 비로소 정상적으로 사유가 작동하기 때문이다. 산길을 홀로 걷다 보면 꼬였던 사유의 실타래가 술술 풀린다. 머리가 정리되면서 논리의 집이 쑥쑥 지어진다. 그래서 나는 사람 없는, 나무와 숲이 있는 산에 가는 게 너무 좋다. 계곡에 흐르는 물까지 있다면 금상첨화다. 그래서 내 무릎이 깨지고 헤지는 날까지 오르고 싶다. 내게 유일한 도피처가 있다면 숲이 있는 산이다. 전문 등산 장비 없이도 경량등산화 하나 달랑 신고 물 한 통이면 그만이다. 사람 없는 산은 나의 연구실이며 도서관이며 나의 고해 성소다. 나는 그곳에서 생각하고 기도하며 쓰고 쉼을 얻는다.

하여서 인간은 사람으로부터, 대중으로부터 자발적 고립을 택해야 한다. 스스로 고립된 이방인이 되어야 한다. 그래야 생각이 정리되고, 창의성이 살아나며, 쉼을 얻을 수 있다. 자발적으로라도 고립을 선택해야 할진대, 만일 타의에 의해 사람과 단절되고 고립된다고 느끼게 될 때 어떻게 해야 할까? 그러한 단절과 고립이 두려워서 그것을 빨리 풀어보려고 조급해 하거나 어서 풀어달라고 애걸복걸해야 할까? 아니다. 그때 절망하고 두려워하고 괴로워하기보다는 그것을 오히려 다시 없는 호기로 삼아야 한다. 즉, 홀로 광야로 나아갈 절호의 기회로! 타의적 단절을 자의적인 것으로 교체하는 편이 훨씬 그런 처지에 놓인 이에게 유익할 것이다.

혹은 어떤 이유로든 사람들과 함께하면서 온몸과 영혼이 굉장한 열정으로 휩싸일 때 그 열기를 식히기 위해서라도, 제정신을 차리기 위해서라도 잠시 우리는 사람과 거리를 두어 몇 걸음 뒤로 물러서야 한다. 그러기 위해선 단절과 고립, 한 발 물러남이 반드시 필요하다. 홀로 광야로 나아가야 하는 것이다. 하늘을 홀로 나는 독수리처럼, 사바나 초원을 홀로 가로지르는 사자처럼, 홀로 광야에 선 선지자처럼, 그렇게 광야로 나아가야 하는 것이다.

그러나 고립된 곳도 시간이 지나면 익숙해진다. 즉 그곳도 낯익은 고향이 된다. 그때 다시 고립을 택해야 한다. 우리는 영원한 이방인이어야 한다. 그게 당신이 사는 길이고 그게 바로 당신이 당신 자신이 되는 길이다. 그리고 그게 바로 당신의 고유성과 창의성을 살리는 길이다.

13   거리의 사람

> 우리 모두는 오해의 바다를 가로질러
> 서로에게 거짓을 외치는 섬들
> _ 러디어드 키플링

고슴도치의 딜레마

쇼펜하우어Arthur Schopehauer의《소품과 부록Parerga and Paralipomena》을 보면 유명한 고슴도치 이야기가 나온다. 아주 추운 겨울날, 고슴도치들이 몸을 덥히기 위해 가까이 붙어서 서로 웅크리고 앉았다. 그런데 각자의 가시가 서로 찌르자 떨어진다. 그리고 추워지면 또 그 행동을 반복하다가 그제야 깨닫는다. 적당한 거리를 유지하는 게 서로에게 좋다는 것을 말이다. 그게 바로 고슴도치의 딜레마porcupine dilemma다. 한자말로는 불가근불가원不可近不可遠 정도가 되겠는데 이 말이 일상에서 쓰일 때는 약간은 피하고픈 대상과의 관계에서 쓰는 것으로 굳어진 듯 보인다.

그러나 말 그대로 놓고 볼 때 쇼펜하우어의 고슴도치 딜레마와 불가근불가원은 딱 맞아 떨어진다. 사람 사이의 적당한 거리(너무 멀지도 가깝지도 않은), 그게 바로 서로에게 예의를 지키는 길이며 오래 가는 길이다. 서양 속담에 이런 말이 있다. '친숙이 무례를 낳는다.' 너무 친하다고 해서 너무 가까이 하면 상처받기 쉽다. 적당한 거리가 일상인에게서도 중요한 것이다.

쇼펜하우어의 고슴도치 이야기는 오스트리아의 심리학자 프로이트Sigmund Freud가 그의 책《집단심리학과 자아분석 Group Psychology and the Analysis of the Ego》의 주석에서 인용해 더욱 널리 퍼졌다. 프로이트는 1909년 미국을 여행했을 때 여행 목적이 강연 외에 야생 고슴도치를 보기 위해서라고 말했다. 그러나 안타깝게도 미국 여행에서 프로이트는 살아 있는 야생 고슴도치를 보지 못했다. 단지 죽은 사체만 보았을 뿐이다.

실망한 프로이트에게 보스턴의 신경심리학자 퍼트남James J. Putnam이 앙증맞은 고슴도치 청동상을 선물한다. 프로이트는 그것을 오스트리아로 가지고 갔고, 유대인인 그가 1938년 나치의 박해를 피해 영국 런던으로 망명했을 때도 동행했다. 런던의 그가 살던 집은 현재 프로이트 박물관으로 바뀌었는데 여전히 그의 책상 위에는 고슴도치상이 놓여 있다. 고슴도치에 프로이트가 얼마나 매혹되어 있었는지 알 수 있는 대목이다.

만족을 모르는

사람들 사이에서 부대끼며 지지고 볶는 와중에 오는 피곤함. 우리 모두는 그것을 경험한다. 그래서 자신이 있는 곳이 아닌 곳을 동경한다. 내가 경험한 바로는 지상의 천국같이 보이는 하와이에서도 원주민은 미국 본토에 대한 동경을 가지고 있다. 그처럼 제주도 출신도 육지에 대한 동경이 있다. 그런데 웃기게도 정작 미국 본토의 사람들은 언제 한번 하와이를 가보나 하고, 우리나라의 육지 사람도 사정만 되면 제주도에 가서 며칠 쉬다 오고 싶어 한다. 서로 다른 것을 동경하는 것이다. 그러나 막상 각자 동경하던 곳으로 가면 다시 떠나온 곳을 그리워한다.

하와이에서 만난 어떤 학생은 학부를 본토 시애틀에 있는 대학에서 마쳤는데 너무 날씨가 춥고 거지 같아서 잘못 왔다고 생각하고 졸업하자마자 다시 따뜻한 하와이의 대학원으로 왔노라고 말하는 것을 봤다. 제주도가 싫다고 서울에서 사는 어떤 동료 학자는 제주도가 살기 좋은 곳은 아니라고 입으로 말하면서도 제주도에 대한 그리움은 말과 행동 곳곳에 남겨 두고 있다. 사람이란 다 이런 것이다. 남의 떡이 더 커 보이고, 그래서 남의 떡을 가져 보면 원래 떡이 더 나아 보이고 하는 일의 연속이다. 만족이 없는 삶이다. 그게 인간이다.

나는 지금도 가만히 침대에 드러누워 있으면 시애틀이나 보스턴이, 하와이나 LA가, 서울이, 일산이, 대구의 금호강가 장면이 순식간에 바뀌며 눈앞을 스쳐 지나간다. 그곳이 그려진다. 길이 그려진다. 그곳에서 아이들이 뛰어노는 환영이 이는데 마치 현실 같다. 현실과 구분이 안 간다. 그래서 소름이 돋곤 한다. 처음엔 이게 나이 탓인가 했다. 나이가 들어 현실 감각이 둔해져서인가 하고 말이다. 그러나 시간은 벽시계의 시간으로도 흘러가고 내 내면의 내적 시간으로도 흘러간다. 현상학의 아버지 격인 후설Edmund Husserl과 슈츠도 내적 시간에 대해 이야기했으니 내 이야기가 허튼 것은 아니리라.

나는 그 순간 내적 시간의 흐름 속에서 이곳저곳을 왔다 갔다 하는 것이다. 가장 강렬했던, 혹은 가장 기억하고 싶었던 순간들 속에 의식적으로 아니면 무의식적으로 나의 영혼이 남아 있는 것이다. 그런 순간에 내가 머물러 있다면, 그런 순간이 내게 있다면 나는 거기에 남아 있는 동안 나는 내가 처해 있는 지금 이 시간을 피하고 싶은 어떤 압박감에 휩싸여 있을 수 있다. 일종의 도피처로 작동하고 그것들의 환영이 일어나며 나는 몽롱함을 현실로 받아들이는 것이리라.

막상 미국에 있을 땐 하루빨리 짐을 싸서 한국으로 돌아가야 한다고 생각한다. 그러나 한국에 있을 때는 앞서 말한 것처럼 마치 미국에 있는 것 같은 환영 속에 있을 때가 종종 있다. 그만큼 그곳을 그리워한다는 말의 방증이기도 하다. 대구에 있으면서 서울의 모든 것이 그립고, 막상 서울에 가면 이곳은 더는 사람 살 곳이 못 된다는 생각을 하며 빨리 대구에 가면 좋겠다는 생각을 하게 된다. 완전한 양가적 감정이다.

이처럼 타인과 대상은 '나'에게는 이중적이고 모순적 존재이다. 애증의 존재이며 역설의 존재다. 어느 순간 없어졌으면 좋겠다고 생각하다가도 막상 그것들이 수중에서 그리고 주위에서 사라져 버린다면 그에 대한 그리움이 모락모락 피어오른다. 참으로 기가 막힌다. 그 와중에 사람은 타인과 대상과 거리를 어떻게 조절해야 자신이 편한지를 자연스레 터득하게 된다. 그것을 잘 처리하지 못하면 문제가 발생한다. 스토커가 되거나 시쳇말로 덕후가 되든지 말이다. 그것은 일종의 정신병이다. 과도하게 집착하는 것이다. 어린아이가 엄마 품에서 젖을 떼지 못하고 영원히 엄마 곁에만 맴돌려 하는 게 병이듯 그것은 정상적이지 못하다. 무엇이든지 절묘한 거리를 터득해가는 게 바로 어른이 되는, 그것도 건강한 어른이 되는 과정이다.

물론 이 과정에서 애착의 대상은 쉽사리 옮겨가기 마련이다. 마치 아이돌에게 집착하는 10대 아이들이 그 대상을 수시로 바꾸듯이 성장 과정에서 변덕은 단골 메뉴다. 그러면서 거리를 두는 과정을 배우고 터득하게 되는 것이다. 하물며 사랑하는 사람 간에도 반드시 거리는 있어야 한다. 만약 노상 붙어 다니는 쌍을 보게 된다면 그것은 매우 희귀한 일일 뿐더러 부러움의 대상이 되기도 하겠지만 오히려 숙덕공론의 대상이 될 가능성이 크다. 이른바 케미(남녀 간의 불붙은 애정을 이르는 말)가 활활 타오르는 젊은 쌍도 시간이 지나면 냉각된다. 시간이 지나 육체적으로 붙어 있는 것도, 정신적으로 붙어 있는 것도 으레 시들해지기 마련이다. 그게 인생사고 그래야 그 쌍이 오래 갈 수 있다.

거리 둠의 귀재

이방인은 거리 둠의 귀재다. 그는 때로는 냉혹하다 싶을 정도로 주위에 쌀쌀맞게 보일 수 있다. 왜냐하면 의식적으로 거리를 두기 때문이다. 물론 그가 가까이 다가갈 때도 있다.

그러나 오해하지 말아야 한다. 이방인이 가까이 오고 멀리 떨어지는 것은 달면 삼키고 쓰면 뱉는 식의 자기 이익 때문이 아니다. 이런 행태는 오히려 이방인이 아닌 자가 그렇게 한다. 그런 사람은 거리를 두어야 할 때 오히려 거리를 두지 않고 접근한다. 접근해야 할 때 오히려 손해를 볼까 봐 방관하고 멀리 떨어진다. 순전히 자신의 이익을 지키기 위해서다. 그러나 이방인은 이런 식의 거리 둠에는 서툴고 아예 관심도 없다. 그들은 누가 자기에게 이익인지 누가 자기에게 해인지를 따질 여력도 시간도 부족하다. 그럼에도 그는 사람들과 적절한 거리를 두는 데 능수능란하다.

실 양쪽 끝에 연결된 것이 사람들의 관계라면 이방인은 '밀당(밀고 당김)'의 귀재처럼 적정한 거리를 둔다. 너무 가깝다 싶을 땐 조금 멀어지고, 너무 멀어졌다 싶으면 가까이 다가간다. 실로 거리 둠의 달인이다. 그러는 데는 이유가 있다. 이방인은 사람에 대해, 사람이 모여 있는 사회와 세상에 대해, 심지어 자기 자신에 대해서도 언제나 떠날 준비가 되어 있는 사람이기 때문이다.

여기서도 오해하지 말기 바란다. 여기서 떠날 준비가 되어 있다는 것은 그런 것들이 원래 자기가 소유할 수 없다는 것을 안다는 것을 의미한다. 언제나 빈손임을 알고 있기 때문이다. 어차피 인간은 혼자 왔다 혼자 살다 혼자 가게 되어 있다. 아무리 가까운 가족도 세상을 떠날 때 함께 떠날 수 없다. 다시 쇼펜하우어의 말이다. "너에게는 아무것도 없다. 또 아무것도 가질 수 없다. 가질 수 없음을 두려워해서는 안 된다. 가질 수 없다는 진실을 망각해서도 안 된다. 그렇게 적당히 살아가는 것이다. 몇 분 만에 삶과 죽음으로 나눠지는 이 운명을 그냥 받아들이라는 것이다."

천재와 광기

쇼펜하우어는 《소품과 부록》에서 "천재와 광인은 백지 한 장 차이"라고 말했다. 《의지와 표상으로서의 세계The World as Will and Representation》에서도 비슷한 의견을 피력했다. 왜냐하면 그 둘은 보통 사람과는 다른 세상에 살고 있다는 공통점이 있기 때문이다. 보통 사람은 "다른 사람과 같아지기 위해 자신의 4분의 3을 박탈당하고" 있는 데 비해 천재와 광인은 그런 삶에서 거리를 두고 있기 때문이다. 그래서 천재와 광인은 "세계에 대한 명료한 눈the clear eye of the world"을 가지고 있다고 주장한다. 쇼펜하우어가 이렇게 보는 이유는 뭘까? 다른 이를 위해, 다른 사람의 눈을 의식하면서, 그들의 구미에 맞춰 자신의 삶을 우격다짐으로 구겨서 사는 인생이 보통 사람의 것이라면 천재와 광인은 그런 삶에 염증을 느끼는 사람이기 때문이다. 그들은 기존의 틀이 만든 그런 정형화된 삶에 대해 구역질을 하는 사람이다.

그런 차원에서 이방인은 천재기가 있고 광기도 가지고 있다. 그는 일반인의 삶의 방식으로부터 의식적으로 거리를 두려 하기 때문이다. 물론 이런 이방인을 껄끄럽게 여기는 사람도 많고 그래서 그를 피하고 싶어 하는 이들이 적지 않은 게 사실이다. 그러나 이방인이나 기꺼이 이방인이 되려는 사람은 이런 것에 전혀 개의치 않는다. 괘념치 않는다. 이방인은 그의 길을 간다. 남의 길이 아닌 자신의 길을 간다. 그래서 그의 발자취는 광기의 냄새도 나고 천재의 풍모도 풍길지 모른다. 물론 그의 실체는 천재나 광인과 거리가 멀 수 있다. 그렇지만 적어도 그의 태도는 천재기와 광기를 물씬 풍긴다. 다른 이의 길을 가는 것은 곧 새 길을 내는 것이고, 그의 발걸음이 매 순간 그 길의 첫 발자국을 남긴다. 대중과 거리를 둔 자만이 누릴 수 있는 영광이다.

배신으로 무너지지 않기 위해

배신은 사람을 무너뜨린다. 그런데 모든 배신은 아는 이로부터 당한다. 믿었던 이에게서 농락당하는 것이다. 대체로 알지 못하는 먼 사람에게서 배신을 당했다는 말을 거의 쓰지 않는다. 애초에 그런 사람에게 믿음과 신뢰조차 주지 않았을 테니까 말이다. 배신은 믿음을 배반한 것이다. 물론 개인적으로 알지 못하고 멀리 있는 사람에게도 배신은 당한다. 만일 그들에게 신뢰와 믿음을 주었다면 그렇다. 이런 것의 대표적 예는 아마도 좋아하는 연예인이나 혹은 정치인일 것이다.

어쨌든 배신으로 무너지지 않기 위해서는 의식적으로라도 적정한 거리를 두어야 한다. 모든 관계는 믿음과 신뢰를 바탕으로 한다. 사람을 믿지 않고 관계를 맺을 방도는 아예 없다. 믿음과 신뢰가 필요한 것이다. 그러나 너무 믿으면 반드시 배신당할 확률도 그만큼 높아진다. 그래서 사람을 아예 안 믿을 수도 없고 그렇다고 무턱대고 믿을 수도 없는, 이러지도 저러지도 못하는 처지에 놓인 게 인간이다. 이때 슬기로운 대처법이 있는데 바로 적정한 거리 두기다.

이러한 대처법이 너무 매정하고 냉정하다고 말할 사람도 있을 것이다. 대부분 천성이 착한 사람이 그런 말을 한다. 근데 사람을 무작정 믿으면 믿을수록 배신당할 가능성이 많아지니 착한 사람이 배신을 많이 당한다. 그럼 왜 매정하다 싶을 정도로 사람과 정서적 거리를 두어야 할까? 그 근본적인 이유는 무엇일까?

우리나라 TV채널에서 방영된 〈진실의 순간〉이라는 프로그램이 있었다. 미국에서 흥행하던 쇼를 베낀 것이다. 쇼의 개념은 간단하다. 출연자가 몇 단계의 질문을 다 통과하면 상금을 받는다. 그런데 그 질문은 모두 진실만을 말해야한다. 진실을 말하는지 확인하는 장치가 있고, 출연자와 가장 친한 친구와 가족 앞에서 그들과 관련한 질문에 진실을 답해야 한다. '당신은 남편이 아닌 다른 이의 아이를 낙태한 경험이 있습니까?' 등의 질문이다. 도저히 질문에 진실을 답하지 못하겠다고 중도에 포기하면 상금은 날아간다. 그런데 매우 흥미로운 장면이 등장한다. 어떤 출연자가 중도에 포기하면 오히려 안도하며, 칭찬하며 격려하는 사람은 출연자의 친지다. 그들은 대부분 그 진실을 답해야 하는 질문과 직접적으로 관련된 당사자다. 나는 미국에서 이 프로그램을 보면서 사회학적 통찰이 매우 번득이는 쇼라고 생각했다. 이 프로그램은 사회가 무엇에 기초했는지를 적나라하게 보여주고 있기 때문이다.

흔히 우리는 사람들이 거짓과 진실 중 진실을 원한다고 생각한다. 그러나 그렇지 않다. 인간은 거짓과 진실 중 거짓을 더 원한다. 그것을 단적으로 보여주는 것이 바로 〈진실의 순간〉이다. 질문에 대답을 하지 않았다는 것은 진실을 말하지 않았다는 것인데, 그렇다고 그의 주위 사람이 그를 꾸짖고 비난하기보다는 오히려 등을 두드려주고 잘했다고 칭찬하는 것을 보라. 왜 그랬을까?

진실을 말하면 인간관계가 파탄이 나고, 가족이 깨지고, 사회가 깨지기 때문이다. 그렇다면 두 명 이상이 모인 사회란 무엇일까? 그것 자체가 거짓이다. 거짓에 기초한다. 진실을 파고 들어가면 들어갈수록 찾을 수 있는 것은 거짓밖에 없다. 그런데 인간의 본성이 원래 사악해서라고 미리 단정하면 안 된다. 좀 더 다른 차원에서 이 문제를 봐야 한다.

진실은 두려운 것

분명히 악의적 거짓말은 나쁜 것이다. 그러나 엄정한 진실은 두려운 것이다. 대부분의 사람은 진실과 마주하는 것을 기꺼이 반기지 않는다. 그래서 사람은 거짓말을 한다. 인간이 행하는 모든 예의와 관련된 행동과 태도, 말은 그래서 대부분 거짓이다. 그런데 거짓이라고 해서 삭제하려 들면 큰일 난다. 그것을 없애면 사회가 존속할 수 없기 때문이다. 왜 그럴까? 거짓에 기초한 예절바름이란 모두 타인을 위한 것이기 때문이다. 고프만은 이것을 타인의 "체면을 살리는 것saving faces"이라고 《상호작용의 의례Interaction Ritual》에서 밝혔다. 그렇게 타인의 체면을 세워주려고 애쓰는 것이, 그래서 타인에게 존중의 뜻을 전해주는 것이 예절로 나타나고 그것이 결국 도덕으로 발전한다. 그 도덕의 맨 밑바닥에는 억지 춘향 격 예절과 예의가 있다. 그런데 이상한 것이 억지로 하다 보면 실제로 타인에 대한 존경심이 싹튼다. 다시 말하지만 그것이 행동의 위대성이다. 행동은 의심을 잠재울 뿐만 아니라 이렇게 애초에 없었던 타인에 대한 존경심을 갖게도 한다.

어쨌든 도덕의 밑바탕 그리고 예의와 예절의 밑바닥에는 원래 거짓이 놓여 있다. 쉽게 표현하면 일종의 하얀 거짓말이다. 이 말은 사회의 기초가 거짓이라는 사실에 도달하게 해준다. 그것이 선의였든 아니든 상관없이 말이다. 사회의 밑바탕에 대한 진실이 있다면 그것은 거짓이 똬리를 틀고 있다는 것이다. 그것을 건드리면, 그것을 들춰내려 하면 사회는 붕괴한다. 사회적 관계는 균열을 일으킨다.

슈츠가 뉴스쿨New School for Social Research에서 학생을 가르칠 때의 에피소드다. 슈츠에게는 걸출한 제자가 여럿 있는데 그중 하나가 나중에 예일대학 철학과 교수가 된 내이튼슨Maurice Natanson이다. 어느 날 교수와 대학원생 파티가 있었다. 대학원생이던 내이튼슨의 아내가 파티에 와서 슈츠에게 대뜸 물었단다. 당신이 도대체 학교서 무엇을 가르치고 있기에 내 남편이 저 모양이 되었느냐고. 무슨 일이 있었느냐고 슈츠가 되물었다. 내이튼슨의 아내가 말했다. 남편이 옆집 사람을 아침에 만나 저쪽에서 "안녕" 하고 인사를 건네 오면 그냥 평상시대로 "안녕" 하며 답하지 않고 "나의 무엇이 안녕하냐고 물어보는 거냐?"며 되묻는다고, 그 뒤로 옆집 사람들이 상종을 안 하려 든다는 것이었다. 그녀는 슈츠에게 당신 수업을 듣기 시작하면서 남편이 이상해졌다고 말했고 슈츠는 씩 하고 웃고 지나갔다. 나는 이것을 나의 스승 버거Peter Berger에게서 들었다. 버거 또한 슈츠가 낳은 거물급 제자 중 하나다.

이런 식의 일상을 깨는 행동을 슈츠의 또 다른 제자, 정확히 말하면 간접 제자인 UCLA의 가핑켈Harold Garfinkel이 자신의 학생에게 숙제로 냈다. 아는 이와 대화가 오갈 때 상대방의 말이 무슨 뜻인지를 꼬치꼬치 캐물어 보라는 숙제를 냈다. 학생들의 반응은 천편일률적이었다. 그 숙제를 끝까지 해낼 수 없다는 것이었다. 예를 들어 으레 오가는 일상의 인사(예절이다)에 의중이나 진위를 캐묻는 것은 사실 매우 불편한 것이다. 왜냐하면 거기엔 진실이 없기 때문이다. 진실로 당신의 안부를 묻는 것이 아니다. 그냥 물은 것이다. 예의와 예절은 그저 주고받음으로, 교환함이 목적이고 그것으로 끝이다. 그 이상도 그 이하도 아니다. 사람 간의 만남에서 윤활유 역할만을 하는 것이지 거기에 진심 어린 무엇이 있는 게 아니다. 그것을 끝까지 캐물으니 관계가 불편해지고 깨질 것 같

163

아서 숙제의 진도를 더 이상 낼 수 없다는 반응이 보고서로 제출되었다.

사람들은 이것을 의식하지 못하고 산다. 왜냐하면 슈츠와 같은 현상학적 사회학자처럼 깊이 생각하지 않기 때문이다. 그러나 이미 보통 사람도 자신이 거짓말을 하고 있음을 다 알고 있다. 《정글북》의 저자로 잘 알려진 키플링Rydyard Kipling은 그의 첫 번째 소설 《실패한 빛The Light that failed》을 26세에 써서 월간지 〈립핀코트Lippincott's〉에 발표했다. 그 소설에 "우리 모두는 오해의 바다를 가로질러 서로에게 거짓을 외치는 섬들We're all islands shouting lies to each other across seas of misunderstanding"이란 글귀가 나온다. 오해란 바다를 사이에 두고 서로가 서로에게 거짓을 외치는 외로운 섬들, 사회학적으로 두고 볼 때 얼마나 절묘하게 인간을 묘사한 문구인지 감탄이 절로 나온다. 그 섬들이, 그렇게 거리를 두고 떨어진 섬들이 외로워 더욱더 거짓으로 치장하고 다른 섬을 가까이 두려 한다. 그리고 서로 배신하고 배신당한다.

그러니 우리 일상이, 우리의 사회의 본질이 이럴진대 진실로부터도 적정 거리를 두어야 하는 것은 당연한 일이다. 진실이라는 불에 너무 가까이 다가가면 화상을 입게 되니 말이다. 오해의 대양을 사이에 두고 섬들이 서로 외쳐대는 거짓을 너무 까발리려고도 하지 마라. 당신의 거짓도 단박에 들통날 테니. 그 거짓은 인간이 외로운 존재라는 것을 감추려 드는 애처로운 몸부림일 수 있으니. 그냥 그렇게 외로이 떨어져 있는 섬으로, 즉 이방인으로 그냥 남으려 노력하라. 이런 사실을 외면하거나 무시하면 거짓은 더욱더 늘 수밖에 없으니 그냥 거리를 두라. 다른 섬들이 외쳐대는 거짓을 어느 정도 감안하고 그냥 들어 주고 넘기라. 용인하는 아량을 베푸는 데 인색하지 말라. 솔로몬왕이 쓴 것으로 알려진《전도서》에는 이런 구절이 나온다. "지나치게 의인이 되지도 말며 지나치게 지혜자도 되지 말라. 어찌하여 스스로 패망하게 하겠느냐. 또한 사람들이 하는 모든 말에 네 마음을 두지 말라. 그리하면 네 종이 너를 저주하는 것을 듣지 아니하리라."

다만 너무 교언영색하는 사람과는 더 많은 거리를 두라. 확신에 차서 자신만이 진실이고 다른 이는 거짓이라고 말하는 사람의 말도 절대로 믿지 말고 그들과도 가급적 많은 거리를 두라. 모두가 거짓을 말하는데 자신만이 진실을 말한다니, 거기에 속는다면 그게 천치다. 아예 그런 이들 근처에도 가지를 마라. 적당히 그렇게 무리 없는 거짓을 외치는 섬들 곁에서 멀지도 가깝지도 않게 머물러 있어라. 그런 것에 정말로 무덤덤한 이방인처럼.

14　고독의 사람

많은 사람들, 그러나 모두가 고독하기만 한
_찰스 디킨스

외로움과 고독

모든 인간은 외롭다. 인간이 성장해 어른이 된다는 것은 곧
혼자가 된다는 것을 말한다. 혼자가 된다는 것은 외로움을
전제로 한다. 그래서 고독한 것이 인간이다. 그런데 이런 상
황을 두고 인간은 두 가지 행태를 보인다. 하나는 상황 자체
를 아예 부인하는 것이고 다른 하나는 상황을 시인하면서 고
독에 철저히 직면하는 것이다.

　전자에 해당하는 사람들과 관련해 독일의 시인 릴케Rainer
M. Rilke는 다음과 같이 말했다. "우리는 고독하지 않다고 스
스로를 기만하며 그것이 진실인 양 행동한다." 이런 부류의
사람은 그런 고독에 맞서지 않고 아예 외면해버린다. 그리고

자신은 고독하지 않다고 여긴다. 그러나 이것은 분명히 어떤 짓을 저질러놓고도 안 한 것처럼 시치미를 뚝 떼는 일로 매우 억지스러운 것이다. 마침내 인간은 자신이 외롭고 고독하다는 것을 알고야 만다.

결국 인간은 두 종류 중 하나다. 처음부터 고독에 직면하고 그것을 인정하는 자, 아니면 회피하다가 인정하고 마는 자. 가장 경제적이고 정직한 것은 전자다. 경제적인 게 정직한 것은 이 경우 빼고는 거의 없을 테지만. 어쨌든 지연된 시인은 본인에게 좋지 않다. 어차피 맞을 매라면 먼저 맞는 게 상책이다.

소로가 머물던 월든의 작은 오두막집에는 세 개의 의자가 있었다. "하나는 고독을 위한 것이고 둘은 우정을 위한 것이며 셋은 사교를 위한 것"이었다. 그 외딴 오지에 소로를 찾아오는 사람이 아주 없지는 않았던 모양이다. 그래서 몇 개의 의자를 만들었던 모양인데 소로가 얼마나 운치가 있게 의자의 소용에 대해 묘사했는지 내겐 매우 인상이 짙었던 글귀였다. 두세 개는 타인과의 교제를 위한 것, 그중 한 개는 고독을 위한 것. 그 깊은 숲속에서 그는 절대 고독과 마주하면서 그 의자에 앉았던 것이다. 소로는 자신이 고독에 대해 엄청난 욕구가 있다는 것을 고백하면서 그것을 "노상 잠만 자는 아기처럼"이라고 표현하기도 했다. 그래서 그것이 충족되지 않으면 "울음을 터트릴 것"이라고도 말했다.

그런데 혼자 됨을 가리키는 영어는 두 가지가 있다. 하나는 외로움loneliness, 다른 하나는 고독solitude다. 이 차이를 가리키는 유명한 말이 있다. 신학자 폴 틸리히Pual Tillich는 외로움이란 "홀로 있음의 고통the pain of being alone"을, 고독이란 "홀로 있음의 영광the glory of being alone"을 표현한 것이라고 구분했다(《영원한 현재The Eternal Now》). 혼자됨을 고통으로 여기느냐, 아니면 영광스러운 기쁨으로 여기느냐는 결국 그것을 대하는 사람의 몫이다. 홀로 남는 것을 죽기보다 싫어하는 사교성이 넘치는 사람에겐 혼자 남는 것이란 고통일 게다. 그러나 이방인은 홀로 있는 고통을 덤덤하게 받아들일 뿐만 아니라 즐기기까지 한다. 그에겐 홀로 있다는 것이 수치스럽거나 고통스럽거나 회피하고픈 것이 아닌 기꺼이 접수해야 할, 아니 반드시 있어야만 할 필수품이다. 그래서 그것을 갖고 있다는 것이 영광스러운 상태다. 고독하다는 것은 삶을 제대로 살고 있다는, 살았다는 영광의 트로피와 같다.

군중 속의 고독

그런데 사람들과 떨어져 혼자 있다 해서 외로운 게 아니고 고독한 게 아니다. 여러 사람과 함께 있는 와중에도 인간은 혼자 있는 것처럼 외로움과 고독을 느낀다. 대학교 1학년 때로 기억한다. 사회학개론 시간에 교재에 실린 사진 한 장에 나는 충격을 받았다. 미국의 사회학자 데이비드 리스먼David Riesman의 《고독한 군중The Lonely Crowd》과 관련된 내용에 함께 실린 사진이었다. 공항인지 기차역인지 확실히 기억은 나지 않지만 대합실에 운집한 많은 사람을 찍은 사진이었는데 그들의 시선이 모두 한곳으로 모이지 않고 서로 뿔뿔이 흩어져 있었다. 그 사진만큼 군중 속의 고독을 잘 묘사한 것이 있을까? 물론 나중에 읽어본 리스먼의 책은 단순히 그 사진이 표상하던 이미지와 거리가 먼 이야기였다. 그러나 어쨌든 현대사회의 수많은 군중이 서로 타인을 지향해 살고 있다고 리스먼이 말하는 데서 우리는 사진에서 느낀 군중 속의 고독을 끄집어낼 수 있다. 왜냐하면 현대인이 그렇게 타인 지향적other-directed이 될수록 자신의 내면은 더욱더 공허해지고 외로워진다는 것을 리스먼이 말하고 있는 이상 얼추 궤가 맞는 사진이라고 평가할 수 있기 때문이다.

그렇게 인간은 공항이나 기차역에 운집해 있는 수많은 사람 속에서, 군중 속에서 외로움과 고독을 느낀다. 설령 그렇게 큰 대합실이 아니더라도, 호텔방의 투숙객이어도 인간은 외로움과 고독을 느낀다. 광화문에 있는 서울역사박물관에 친구와 간 적이 있다. 1970~1980년대 서울의 강남이 개발되는 시점의 아파트 문화를 보여주는 전시가 나의 주목을 끌었다. 아파트 건물을 칼로 자른 듯 단면을 보여주는 모형 아파트였다. 매 층 똑같은 실내 구조, 같은 위치의 가구, 그리고 사람 모형들. 실제로 그런 곳에 사는 우리 대부분은 얼마나 외로운가, 얼마나 고독한가? 호텔의 각각의 방에 머무는 투숙객은 얼마나 더 외로운가, 얼마나 더 고독한가? 이 외로움과 고독을 관통하는 것은 바로 익명성이다.

그러나 익명성으로 똘똘 뭉친 군중 속에서만 고독을 느끼는 것이 결코 아니다. 이름뿐만 아니라 다른 것까지도 서로 꽤 잘 알고 있는 이들과 함께 있을 때도 우리는 외로움과 고독을 느끼기도 한다. 영국의 소설가 파리B. A. Paris가 쓴 소설 《닫힌 문 뒤에Behind Closed Doors》에 이런 구절이 있다. "주위를 둘러보니 모두들 웃고 떠든다. 그러나 나는 그곳에서 생생한 지옥이 되어가고 있는 내 인생을 이해하려고 애쓰고 있었다. 그것은 그곳에 있는 어느 누구도 상상조차 할 수 없는 것이었다." 잘 알고 있다고 생각하는 이들과 함께할 때조차, 그들의 웃음과 수다에서조차 우리는 외로움을 느낀다. 사교 속에 공허함. 나 홀로 남아 있다는 것을 느낄 때가 다반사다. 멀리 갈 필요도 없다. 차 한 잔을 같이 나누기 위해 함께 모인 탁자를 사이에 두고 우리는 타인에게 집중하기보다는 보이지 않고 멀리 있는 타인과의 문자를 주고받는 데 시간을 보내기도 한다. 그런 타인을 보는 나는 외롭다. 그런 나를 보는 타인도 외롭긴 매한가지일 것이다.

고독을 모르는 인간은

생텍쥐페리Antoine de Saint-Exupéry의 《어린 왕자The Little Prince》에 나오는 대목이다. 사막에 도착한 어린 왕자가 그곳에서 만난 뱀에게 사람이 어디 있느냐고 물어보자 거기엔 사람이 없다고 뱀이 답한다. 어린 왕자가 너무 외로울 거 같다고 말하자 뱀이 "사람들과 함께 있어도 외롭기는 마찬가지야"라고 말했다. 이처럼 고독은 많은 사람 속에 있거나, 그들로부터 떨어져 나가거나 상관없이 어디에든 있다. 인간은 고독을 선고받았다. 인간만이 고독을 안다. 인간만이 외로워한다. 그래서 인간은 슬픔의 존재다.

이런 천성을 부인하며 외롭지 않다고 생각하고, 나아가 고독 자체를 두려워하고 어떻게든 피하려 하는 자는 우매한 사람이다. 아무리 우산을 써도 물대포처럼 쏟아지는 비를 피할 재간이 없듯, 고독도 마찬가지다. 손으로 하늘을 가린다 해서 하늘이 없어지는 것은 아니다. 데리다는 "우리에겐 절대적 고독이 주어졌다. 아무도 우리에게 말을 건넬 수 없고, 아무도 우리를 위해 말할 수 없다. 우리는 그것을 스스로 감당해야 한다. 우리 자신은 각자 스스로에게 그것을 맡겨야만 한다"라고 토로했다(《죽음의 선물The Gift of Death》).

그러나 불행하게도 이러한 절대적 고독 속에 처한 운명을 외면하고 시인 릴케가 말한 것처럼 고독하다는 사실 자체를 모르고 일상생활을 하는 이들이 우리 주위에 너무나 많다. 그렇게 된 이유는 무엇일까? 그것은 바로 사회 때문이다. 사회 속에, 사람들 속에, 친구들 속에, 가족 속에 있을 때 어지간히 예민하지 않고서는 외로움을 발견하지 못하고 그냥 지나치기 십상이다. 가끔 외로움을 느낄 때가 있지만 그것도 다시 사람과의 관계 속에 묻히면서 '그게 뭐가 대수야, 아무 문제 없어. 내 주위엔 사람이 있잖아. 나는 외롭지 않아'로 무한한 긍정의 에너지를 뿜어내며 일상생활을 그대로 유지하게 되는 것이다. 그러다 보니 예민한 감각은 둔감해지고 그와 동시에 외로움과 고독은 종적을 감춘 것처럼 보인다.

그러나 수많은 사상가는 이런 상태에 영원히 빠지는 것을 경계하고 강력한 주의를 주었다. 대표적인 예로 니체는 고독을 모르는 사람은 노예와 같다고 생각했다. 왜냐하면 그런 사람은 마치 녹음기같이 사회 속에서 다른 사람의 사고와 행동을 그대로 따라 흉내 내는 영혼 없는 기계로밖에 보이지 않기 때문이다. 확실히 기계가 외로움을 느끼지는 못할 터다.

인간이 영혼이 있는 자율적 존재라면 그는 고독에 정면으로 직면해야 한다. 고독은 사람과 사회로 인해 더럽혀진 인간의 영혼에서 얼룩과 때를 제거한다. 그래서 고독에 직면할 때 비로소 오물이 세탁되는 것이다. 그의 때 묻지 않은 영혼이 빛을 발하는 것은 바로 그가 고독에 몸을 담그고 몸부림치고 난 이후다. 오스트리아 종교학자인 마르틴 부버Martin Buber가《나와 당신I and Thou》에서 "고독은 정화의 장소"라 말한 이유가 여기에 있다.

후대에 길이 칭송받는 고대의 수도자가 있었다. '사막의 성 안토니우스St. Anthony of the desert'다. 그는 무덤에서 15년, 이집트 사막의 버려진 요새에서 20년을 홀로 살았다. 그러나 그는 결코 외로움을 고통스럽게 여기지 않았고 홀로 있음을 즐거움과 자신의 타락한 영혼을 위한 회복과 갱생의 기회로 삼았다. 그런 고난의 수행으로 그는 마침내 '수도원과 수도승의 아버지'란 칭호를 받게 되었다. 영어로 수도원monastery과 수도승monk의 어원은 고대 그리스어 '모노스μόνος, mónos'다. '모노스'의 뜻은 '홀로, 단독의, 외로운'이다. 외로이 홀로 설 때, 외로이 고독에 직면할 때, 인간은 비로소 정화된다. 그리고 이렇게 정화된 사람, 정화되려 노력하는 사람, 정화되길 학수고대하는 사람이 이방인이다. 그는 사람과 떨어져 거리를 두며 자신 스스로를 처절한 외로움에 그대로 노출시킨다. 그것을 전혀 두려워하지 않는다. 천하의 모든 사람이 그를 대적한다 해도 그는 홀로 외로이 그 대적에 당당히 맞선다. 기나긴 유랑으로 이미 피폐해진 영혼, 만신창이가 된 영혼, 집단의 힘이 결국은 아무것도 아닌 것이라는 것을 깨달아 알게 된 이방인만이 취할 수 있는 용기의 발로다. 그래서 그는 결코 고독을 피하려거나 두려워하지 않는다. 왜냐하면 그까짓 고독쯤이야 이방인에겐 그저 아무것도 아니기 때문에, 그 뒤에 오는 기쁨을 알기 때문이다.

고독 속으로

인간은 외로이 따로 떨어져 떠 있는 섬이다. 그래서 고독하기만 한….

그러니 이것을 못 견뎌 하는 인간은 고독을 떨치기 위해 자신의 내면으로 들어가지 않고 밖을 향해 달려간다. 그러면서 그들의 입에서 나오는 것은 대부분 키플링의 말처럼 거짓이다. 그러나 어찌하랴, 그것이 인간인 것을. 철학적 인간학의 태두인 아르놀트 겔렌Anold Gehlen 같은 이가 보여주는 것은 인간은 내면inward이 아닌 밖outward을 향해 달려나가는 존재라는 것이다(《인간: 그 본성과 세계에서의 위치Man: His Nature and Place in the World》;《기술시대의 인간Man in the Age of Technology》). 그것으로 인간은 사회를 형성한다. 사회가 인간에게는 밖인 셈이다. 그런 사회라는 놀이터에서 인간은 일하고 놀고 쉬고 교제하고 안도한다. 그러나 밖으로 향하더라도 거짓 치장을 덜하고 고독을 완전히 외면하지 않는 게 자신을 온전히 지키는 방법이다. 왜냐하면 그가 향한 밖인 사회는 거짓으로 똘똘 뭉친 곳이기 때문이다. 당신과 같은 거짓말쟁이가 모인 야바위판, 그게 바로 세상이고 사회다.

그래서 칼라일이 날카롭게 짚듯이, 대중의 여론이란 "지상 최대의 거짓말"일 뿐이다. 아무리 그럴 듯해 보이는 군중과 대중의 열기와 선전에 속지 말아야 하는 이유가 여기에 있다. 그것은 실체가 없는 허깨비와 같은 것이다. 열기가 식고 사람들이 각자의 자리로 돌아가면 거기엔 아무것도 남는 게 없다. 이와 관련해 미국의 소설가 마크 트웨인Mark Twain은 "당신이 다수 속에 있다는 것을 알았을 땐 언제나 잠시 멈추어서 곰곰이 생각해봐야 한다Whenever you find yourself on the side of the majority, it is time to pause and reflect"라는 말을 남겼다.

당신이 가장 행복할 때가 언제인지 생각해보라. 아마도 당신이 가장 잘나간다고 생각할 때가 가장 행복할 때일 것이고 그때는 바로 당신의 주위에 사람이 가장 많을 때일 것이다. 시쳇말로 '핵인싸'일 때, 승승장구할 때 당신은 가장 행복감을 느낄 것이다. 그게 사회적 존재인 인간으로서 느낄 수 있는 행복감 중 하나임은 부인하기 어렵다. 그러나 당신은 그럴 때 트웨인의 말처럼 멈추어 곰곰이 생각해야 한다.

그것은 바로 당신이 주위 사람을 떠나 고독 속으로 진입함을 의미한다. 주위 사람의 소음에서 멀어지는 것을 말한다. 소음이 없는 곳, 즉 고독 속으로 침잠해 들어갈 필요가 있다. 만일 당신이 당신의 삶을 더욱 신중하게 실수와 착오를 줄이면서 살고 싶다면 말이다. 그것은 바로 고독에 익숙한 이방인의 삶을 모방하고 흉내 내는 길밖에는 없다. 이방인이야말로 대중과 고독 중 후자를 제대로 택한 사람이기 때문이다. 세상의 환호와 응원, 칭찬과 격려를 우습게 아는 사람, 그가 이방인이며 고독을 즐기며 그것을 영광으로 아는 자다.

파스칼Blaise Pascal은《팡세Pensées》에서 "인간의 모든 문제는 조용하게 자신의 방에 머물 수 있는 능력이 없다는 것에서 비롯된다"고 일갈했다. 골방에 머물지 못하고 밖으로 뛰쳐나간 사람, 그렇게 대중에게 속한 사람에게는 더 이상 기대할 것이 없다. 왜냐하면 그들은 문제만 양산할 뿐이기 때문이다. 엉덩이가 가벼워 이리 기웃 저리 기웃 하며 사람 속에만 들어가 안도감을 얻으려는 자는 사람 속에서 결국엔 아무것도 얻지 못하는 처량한 자신을 발견하게 될 것이다. 차라리 골방에 머물든지, 아니면 광야로 나가든지 하라. 자신을 철저한 고독 속으로 몰아넣어 보라. 그러면 틸리히가 말하는 홀로 있음의 영광을 맛볼 것이니. 자, 프랑스의 작가 발자크Honoré de Balzac의 외침처럼 "고독은 좋은 것!"이라고 외칠 준비가 되었는가?

15   초월하는 자

매 발걸음마다 우리는 여기 있지만,
또한 저 너머에 있다.
_모리스 블랑쇼

손님

"손님, 여기서 이러시면 안 됩니다."

어느 개그쇼에서 등장한 유행어다. 손님은 왔다 가는 사람이며 주인이 아니다. 손님이 주인 행세를 하는 것은 용납되지 않는다. 그런데 저 말에는 또 다른 뜻이 숨겨져 있다. 주인 행세를 하는 것뿐만 아니라, 어떤 장소와 시간, 즉 특정 상황에 맞지 않는 부적절한 행동과 태도(생각을 포함)를 보이는 사람에게 하는 말이다. 그런 이들에게 주인 측에 속한 이들은 '손님'이란 말을 붙임과 동시에 '여기서 이러시면 안 됩니다' 하고 말한다.

그런데 곰곰이 따져보자. 저런 행동을 하고픈 충동을 한

번이라도 안 가져본 사람이 있을까? 그리고 실제로 해본 적이 없는 사람이 과연 있을까? 선의든 악의든, 의도했든 안 했든, 남에게 걸렸든 안 걸렸든, 그래서 저런 소리를 실제로 들었든 아니든 우리 모두는 다 그런 경험이 있다. 그것은 바로 그 상황과 '내'가 케가 안 맞는 것, 즉 합이 안 맞는 것을 말한다. 그 상황에서 '나'는 어색하거나, 낯설거나, 이상한 것이다. '나'도 그렇고 그 상황에 처한 타인에게도 '나'는 그렇게 보일 것이다. 이 모두는 이방인의 경험이다. 나를 '손님'이라 부르며 '여기서 이러시면 안 됩니다'라고 꼬집어 주의를 주는 사람도 '나'를 이방인으로 여기고 그런 소리를 듣는 '나'도 그들을 이방인으로 여긴다. 서로가 서로를 이상하게 낯설게 여긴다.

원래 자유인이었던 흑인 주인공이 납치되어 12년간 루이지애나의 농장에서 노예로 살게 되는 것을 그린 영화 〈노예 12년12 Years A Slave〉에 이런 대사가 나온다. 주인공은 캐나다 태생이라는 주인에게 자신도 캐나다의 이곳저곳을 가봤고, 그뿐만 아니라 주인이 가보지 못한 미국의 여러 곳도 여행했다고 얘기하니 주인이 그게 어떻게 가능했냐며 놀란다. 주인공은 답한다. "주인이여, 정의가 있다면 나는 여기에 있지 않았을 것입니다." 자신은 처음부터 노예가 아닌 자유인이었다는 것을 상기시키는 대사다.

원래 자유인이었던 자가 납치되어 노예로 있는 것은 분명 정의가 아니다. 자유인이 자유인의 자리에 있는 것이 정의다. 그런데 보라. 인간 중에 원래부터 노예였던 자가 있는가? 그런 사람은 없다. 결국 누군가가 그것이 노예든 뭐든, 어떤 사회적 위치에 처해 있든 상관없이 '이곳'에 있다는 것은 정의가 없다는 것을 말한다. 한마디로 말해, 영화의 주인공 솔로몬처럼 세상에 정의가 없기에 '나'는 지금 이곳에 있는 것이다. 자신이 있어야 할 자리가 아닌 자신에게 맞지 않는 자리, 바로 그 자리에 있다는 것 자체가 영화의 대사를 빌리면 정의가 아닌 것이다.

그렇게 이방인은 '이곳'에 있어서는 안 되는 자다. 자의든 타의든 상관없이 그래서는 안 된다. 만일 부득이하게 이방인이 어느 곳에 거주하고 있다면 그는 그곳의 일시적 체류자 sojourner일 뿐 영주권자나 시민권자가 아니다. 그러나 그를 가둬두고(어떤 형태로든, 감옥에 가둬두거나 혹은 시민권을 부여하든 상관없이) 그를 계속해서 그곳에 머물게 하는 것은 이방인의 본성을 거스르는 일이기에 그것은 불의한 일이고 그래서 정의가 아니다. 만일 그런 일이 벌어졌다면 그것은 실로 부당한 처사임에 분명하다.

그래서 '손님' 소리를 듣는 것은, '손님'으로 불리는 것은 수치가 아니고 영광이다. 그것은 이방인의 정체를, 이방인의 본성에 가장 적합한 칭호이기 때문이다. 그런 소리를 들었던 경험이 있었던 사람은 죄다 이방인의 경험을 한 것이다.

초월

우리 모두는 지금 이곳에 있으면서 동시에 이곳을 초월하는 자이다. 여기에 있으면서 여기에 없는 자다. 나는 장교 훈련을 사천의 공군교육사령부에서 받았다. 영내 땅에서 박박 기면서 군대 철조망을 벗어나지 못하는 나와 그곳을 마구 벗어나 하늘을 훨훨 나는 새를 비교했던 기억이 난다. 당시는 매우 허망했다. 인간이 새보다 못하다니…. 그러나 비록 새처럼 날지 못해 나의 몸은 철조망 안쪽에 있지만 나의 혼과 마음은 그 밖에 있었다. 서울 집에 두고 온 가족들, 친구들에게 가 있었다. 군대를 가본 이들이라면 누구나 경험한 초월의 경험이리라.

이와 비슷한 경험들에 대해《기다림 망각Awaiting Oblivion》이란 책에서 프랑스 작가 모리스 블랑쇼Maurice Blanchot는 다음과 같이 적었다. 박준상의 번역으로 옮겨본다.

매 발걸음마다 우리는 여기 있지만, 또한 저 너머에 있다. (중략) 나는 다만 머물렀던 흔적들을 지우기 위해 여기 있는 것은 아닌가? 다시 한 번, 다시 한 번, 걸어가면서 그러나 언제나 제자리에서, 다른 지역, 다른 도시들, 다른 길들, 그러나 같은 지역.

그리고 정신분석학자인 자크 라캉Jacques Lacan도 비슷한 말을 했다. "내가 존재하지 않는 곳에서 나는 생각한다. 그러므로 나는 내가 생각하지 않는 곳에 존재한다. (중략) 내가 나의 사유의 노리개가 될 때는 언제나 나는 존재하지 않는다. 즉 나는 생각하는 것을 생각하지 않는 곳에서 나란 것에 대해 생각한다"(《에크리Écrits(선집)》). 어려운 말 같지만 전혀 그렇지 않다. 내가 부재하는 곳에 내가 존재한다는 말이다. 내가 존재한다는 것은 내가 여기 없다는 것, 즉 초월한다는 것을 말해준다.

마지막으로 하나만 더 소개한다. 태생이 비밀에 가려져 있는 작가, 한때는 광고를 만들던 사람으로 알려진 마이클 포뎃Michael Faudet은 《아주 못된 앙증맞은 것Dirty Pretty Thing》이란 시집에서 멋진 시구를 남겼다. "나는 절망적이게도 기억에 빠졌다. 그것은 다른 시간 다른 장소에서 퍼지는 메아리!" 모두 여기에 있으면서 동시에 초월하는 인간의 초월적 본성에 대해 이야기한 것이다. 내재하면서 초월하는….

단적인 예를 앞에서 언급했다. 같이 있으면서 휴대폰만 만지작거리는 우리에 관한 이야기였다. 그러면서 왜 만나는 것일까? 이곳에 있으면서 동시에 다른 곳에 가 있는 우리. 그러나 문명의 이기를 빌미 삼아 무례를 상호 묵인하는, 이 기가 막힌 잠정적 협약! 자신이 매 순간 '지금 여기'에서 초월하는 초월자이면서도 정작 초월자임을 모르는 무지의 인간이다. 그런 무지에 있으면서 그렇게 초월하면서, 그러는 동안 우리는 어쩔 수 없이 서로가 서로에게 낯선 타인으로 남는 이방인이다.

데이논

모든 손님은 익숙했던 것을 이상하게 만든다. 그들은 낯익었던 것, 그래서 친숙했던 것을 어색하게 만드는 데 귀재다. 그들 자체가 상황을 그렇게 만들고, 손님을 보는 사람이 그렇게 느끼게 만들고, 무엇보다 손님 자신이 그렇게 느낀다. 모든 손님은 이방인이다. 모든 이방인은 낯익은 것을, 당연한 것을 낯설고 당연하지 않은 것으로 만든다. 그래서 친숙하고 낯익었던 것에서, 그런 곳에서 편안함을 느꼈던 사람을 불편하게 만들고 자신조차 불편한 상태로 몰아간다. 그게 바로 일시적 체류자이자 손님인 이방인의 트레이드 마크다. 그의 특징이다. 그의 천성이다.

고대 그리스의 3대 비극 시인으로 유명한 소포클레스 Sophocles의 《안티고네Antigone》에 "데이논δεινόν, deinon"이라는 말이 나온다. 철학자 하이데거Martin Heidegger는 "데이논"을 독일어로 'Unheimliche'으로 번역했는데 이 말의 뜻은 '낯선, 이상한'이다. 영어로는 'uncanny'이다. 하이데거는 데이논을 다음과 같이 풀이했다. "집과 같은 관례적이고 일상적이며 위험하지 않은 안전한 것으로부터 추방된 것이다"(《존재와 시간 Being and Time》;《형이상학입문Introduction to Metaphysics》).

그런데 하이데거는 인간이 어떤 존재인지 묘사할 때 이 데이논이라는 수식어를 사용했다. 그가 볼 때, 인간이란 익숙하고 안전한 집을 버리고 떠난 자다. 그는 스스로 망명을 택한 자다. 스스로 자신을 낯설고 위험한 곳에 처하게 하는 초월을 끊임없이 감행하는 자다. 그런 의미에서 인간은 이상한 자다. 불편을 감내하는 자다. 편한 것에 권태를 느끼며 위험하게 보일지라도 낯선 곳으로의 모험을 감행하는 자, 그가 인간이다. 내가 볼 때 그 이상한 자의 전형적인 인물이 이방인이다. 하이데거는 그런 것을 인간으로 보았으니 하이데거의 인간상이 내가 보는 인간상과 정확히 일치한다. 그렇게 인간은 이방인인 것이다.

인간이 존재한다는 것은 곧 그가 현재 처한 곳에서 밖에 나간 것을 의미한다. 존재라는 말 자체가 그 뜻을 함축하고 있다. 존재를 뜻하는 영어의 'existence'는 "밖에 나가 선다"(ex-sists 또는 ex-stand)를 뜻한다. 이것은 하이데거와 버거가 공히 주장하는 것이다(《사회학의 초대Invitation to Sociology》). 인간은 하이데거 식으로 말하면 "떠나 있으면서 거기 있는 자"이며 "부재하면서 존재하는 자"다(《형이상학의 기초개념The Fundamental Concepts of Metaphysics》). 내 식으로 말하면 "내재하며 동시에 초월하는 자"다(김광기, 《이방인의 사회학》). 자기에게 편한 곳을 아무 미련 없이 버리고 떠남으로써 그곳을 더 이상 편한 집으로 삼지 않는 자다.

이화

익숙한 것을 낯설게 여기고 만드는 것이 이화異化, estrangement 다. 이화의 화신, 그게 바로 인간이다. 그런데 이화는 이방인의 전유물이 아니었던가? 이방인은 자신의 고향을 떠남으로 고향을 낯설게 만들고, 새로운 집단에 진입하면서 낯선 환경에서 이화된 자신을 발견한다. 그리고 그 집단의 사람이 당연히 여기던 것 모두를 그들과는 다른 눈으로 대한다. 그런 이방인의 태도는 토박이에게 위협적이다. 왜냐하면 그런 이화의 경험이 토박이에게도 언제든 스며들 수 있기에 그렇다. 어쨌든 이화는 이방인의 전유물로 여겨진다. 그런데 인간 자체가 이화의 화신이라면, 인간 자체가 이방인인 것이다.

인간은 낯익고 안전한 곳에 좀이 쑤셔 배겨내질 못한다. 그는 그런 곳에서 벗어나려 엉덩이를 들썩거린다. 그리고 바로 그 자리를 떠난다. 심지어 영어圖圍의 몸이 되었다고 하더라도 그의 혼과 마음은 그곳을 떠난다. 초월한다. 강제로 묶여 있지 않다 하더라도 그래서 타인과 함께 있다 하더라도 그곳을 떠나려 하는 게 인간이다. 그런 자가 이방인이 아니라면 누가 이방인이랴.

《이것이냐 저것이냐》에서 키르케고르는 다음과 같은 이상한 경험을 고백한다. "나는 나의 실제 나이보다 훨씬 늙었다는 생각이 들고, 나는 나의 가정생활에서 거의 이방인처럼 느껴지곤 한다. 가정생활이 아름답다는 사실은 분명히 알 수 있지만, 나는 이 가정생활을 여느 때와는 다른 눈으로 바라보게 되고, 자신은 노인이고, 아내는 행복한 결혼을 한 나의 누이동생이고, 지금 나는 누이동생 집에 앉아 있다는 생각이 들곤 한다." 과연 이런 이화를 철학자만 하고 있는가? 사물과 관계가 기존에 보이던 대로가 아닌 달리 보이는 것이 사상가만의 전유물인가? 친숙했던 것이 갑자기 낯선 것으로 내 눈

앞에 드러나는 것이? 아니다.

　나는 아이를 너무 좋아한다. 아이의 천진난만한 영혼이, 그들의 젖내 물씬 나는 몸이 너무 사랑스럽다. 나의 아이들이 아주 어렸을 때 일이다. 어느 날 퇴근해 아이들과 정신없이 놀고 있었다. 너무나 행복한 시간이었다. 어느새 저녁 해가 넘어가고 사방에 어둠이 깔리기 시작했다. 멀리 금호강 너머 경부고속도로의 차량 불빛이 선을 이뤄 보이기 시작했다. 동시에 거실의 창문에 거실 등의 빛을 받은 내 모습이 비쳤다. 막내를 등에 업고 둘째의 손을 잡고 있는 나의 모습. 너무나 친숙한 모습이 갑자기 너무나 이상해 보이기 시작했다. 그 창에 비친 내 모습이 너무나 낯설었다. 순간 '여기서 내가 지금 무엇을 하고 있는 것인가?'란 의문이 번개 치듯 들었다. 바로 이화의 순간이다. 물론 "식사하라"는 아내의 말에 그 이화는 이내 사라져 버렸다. 하지만 나는 그 순간을 잊지 못한다. '손님, 여기서 이러시면 안 됩니다.' 그런 이화의 순간은 누구에게나 도래한다. 어김없이.

여기 있어서는 안 되는

우리 모두는 원래 여기 있어서는 안 되는 사람이다. 존재가 빛을 발하는 순간은 바로 그 사실을 깨닫는 순간이다. 왜냐하면 그 깨달음의 시간이 존재가 비로소 존재가 되는 순간이기에 그렇다. 자신의 밖에 서는 순간이기에 그렇다. 서울역 지하도에 널브러져 있는 노숙자를 떠올려보라. 그들은 원래 그곳에 있으라고 태어난 사람이 아니다. 그들의 자리는 그곳이 아니다. 이와 동일하게 고관대작도 마찬가지다. 권력을 합법적이든 불법적이든 휘두를 수 있는 지위에 있는 사람도 원래부터 그곳에 있으라고 태어난 사람이 아니다. 여기서 주의해야 할 것은 딱히 불법적으로 권력을 쥔 사람만 앞 사실에 국한되는 것이 아니라는 점이다.

나머지 모든 지위를 점한 사람들, 합법적이든 불법적이든 그런 일들을 행하는 사람 모두 다 해당된다. 요지는 이것이다. 항상 어디에(거기에) 자신이 붙박여 있다고 생각하는 것, 그게 자신의 다라고 생각하는 것이 문제라는 것이다. 그것은 자신의 존재를 부인하는 것이다. 왜냐하면 그곳의 밖에 서려 하지 않기 때문이다. 인간은 그렇게 어떤 자리나 지위에 혹은 성격에 국한되는 것이 아니다. 그런 존재가 아니다. 자신 밖에 서 있는 자가 바로 인간이다.

우리는 손님. 영원한 손님. 너 나 없는 손님. '여기서 이러시면 안 됩니다' 소리를 항상 들어야만 하는 손님임을 망각하지 않는 것, 즉 이방인임을 잊지 않는 것이 바로 인간이 진정한 인간이 되는 길이다. 누구나 알고 있듯이, 손님에겐 소유할 것이 아무것도 없다. 마치 호텔 투숙객으로 잠시 머물다 체크아웃을 할 때면 모든 것을 호텔 방에 두고 나와야 하듯, 우리에겐 아무것도 소유할 것이 없다. 호텔의 침대, 베개, 담요, TV, 슬리퍼, 옷걸이, 샴푸, 헤어드라이기 등 모든 것을 두고 나와야 한다. 손님은 아무런 흔적을 남기지 않는다. 아무런 흔적을 남겨서도 안 된다. 그렇게 지워지고 잊힌다.

그렇게 집, 땅, 가구, 자동차, 돈, 심지어 이름, 생명조차 도대체 내 것이란 아무것도 없다. 단지 빌려 쓰다 말없이 떠나야 할 손님이다. 기껏해야 우리는 임차인일 수밖에 없다. 임차인인 주제에 주인으로 알고 떵떵거리고 사는 것 자체가 가소로운 것이다. 손님이 아닌 주인으로 아는 이가 있다면 그는 자신이 손님이라는 존재 자체를 까먹은 치매에 걸린 자다. 우리는 치매에 걸린 자를 빛나는 자로 여기지 않는다. 존재가 빛나는 이는 자신이 손님임을, 자신이 임차인임을, 자신이 일시 체류자임을, 즉 자신이 이방인임을 깨닫는 자다. 그래서 언제든 자신이 처한 곳 밖에 설 준비가 되어 있는 자가 존재가 빛나는 자다.

패싱 어웨이(지나감)

사회학자 어빙 고프만은 캐나다 태생의 유대계 미국인이었다. 고프만은《틀분석Frame Analysis》이란 책에서《신약성경》의 〈고린도전서〉 7장 몇 구절을 인용한다. 이는 매우 이례적인 일이다. 왜냐하면 유대인들은《구약성경》만 경전으로 인정하지 신약은 인정하지 않기 때문이다. 어쨌든 그 구절은 이렇다. "형제들아, 내가 이 말을 하노니 그때가 단축하여진 고로 이후부터 아내 있는 자들은 없는 자 같이 하며, 우는 자들은 울지 않는 자 같이 하며, 기쁜 자들은 기쁘지 않은 자같이 하며 매매하는 자들은 소유하지 않는 것처럼 하라. 세상 물건을 쓰는 자들은 다 쓰지 못하는 자 같이 하라 이 세상의 외형은 지나감이니라."

고프만이 이 구절을 인용한 의도를 나는 미국에서 출간한 책《질서와 인간, 그리고 근대성: 파슨스, 고프만 그리고 가핑켈Order and Agency in Modernity: Talcott Parsons, Erving Goffman, and Harold Garfinkel》에서 이렇게 요약했다. "세상의 틀을 심각하게 받아들이지 마라. 거기에 완전히 매몰되지 마라. 뿐만 아니라 그 세상으로부터도 완전히 벗어나려는 시도도 하지 마라. 인간 세상의 틀에 참여하라. 그러나 너무 진지하게 말고 약간은 장난기를 가지고서, 초연하게." 즉 내 해석은 고프만이 저

구절을 인용한 의도는 확실한 이화의 메시지라는 것이다. 그는 우리에게 그 성경 구절을 빌려 이화할 것을 강력히 권고한 것이다.

고프만의 제자의 회고에 따르면 미국사회학회가 열릴 때 고프만을 학회장에서 만났는데 그는 명찰도 달지 않고 사람들 사이를 종횡무진 누비고 다녔다고 한다. 또 고프만이 자신의 직장인 대학교(UC버클리대와 펜실베이니아대)를 우편물을 받는 곳 정도로밖에 여기지 않았다고 한다. 미국사회학회 73대 회장까지 역임했던 세계적인 대학자가, 그의 명찰을 본다면 모든 이가 존경의 눈으로 맞이했을 법한 대학자가 그리하지 않고 자신을 드러내지 않으면서 수많은 사회학자 사이를 유령처럼 헤집고 다니는 모습을 그려보라. 그가 봉직했던 유명 대학을, 다른 사람이라면 자신의 이름을 드높이려 한껏 이용하려 들 그 대학에 하등 관심을 두지 않으며 단지 자신의 우편물을 받는 장소로만 여겼다는 그의 괴짜스러움을 생각해보라. 그런 모습에서 자기 밖에 서는, 자기가 위치한 곳의 밖에 서는 이방인의 모습이 보이지 않는가?

한 사람의 이야기만 더 하고 이 장을 마치려 한다. 버거 이야기다. 그의 강의는 늘 사회학과 건물이 아닌 브루클라인 Brookline에 소재한 그가 소장으로 있는 연구소 회의장에서 열렸다. 나는 그가 특별 초청 강연을 위해 늘 머물던 연구소를 벗어나 사회학과를 방문했던 때를 기억한다. 그 멋쩍어하던 모습을 기억한다. 교수 명단에 올라 있는 자기 학과에 방문하는 것임에도 무척 어색해하던 그의 모습이 선명하다. 심지어 그의 부인이 당시 학과장이기도 했다. 그것 역시 이방인의 모습이다. 모두 '여기는 내가 있을 곳이 아니다'라고 여기는, 여지없는 손님의 모습이다.

그렇게 아무것도 소유할 수 없는, 아무것도 점유할 수 없는 손님은, 이방인은 그래서 아내가 있는 것도 없는 것처럼 할 수 있으며, 슬픔에 잠겨 우는 사람도 그 슬픔에 완전히 빠지지 않으며, 물건을 사도 소유하지 않은 것처럼 여길 수 있는 것이다. 그런 것에 목숨을 걸거나 목을 매거나 매몰되지 않는 것이다. 분명 그것은 빈손으로 왔다가 빈손으로 가는 객의 모습이다. 그렇게 지나가는 것이기에 빌린 것을 돌려달라는 고지서가 날아왔을 때 즉시 돌려주어야 하는 손님이다. 즉 이방인의 모습이다. 그리고 그것이 바로 인간이다.

각성

\#

16   사회란 세상은

우리가 보거나 우리로 보인 모든 것은 단지 꿈속의 꿈
_애드거 앨런 포

깨어 있는 세계

"우리는 때때로 악몽으로부터 빠져나온 순간에 안도한다. 아마도 죽음 이후에도 그러할 것이다". 우리에겐《큰 바위 얼굴》로 잘 알려진 너새니얼 호손Nathaniel Hawthorne이 남긴 말이다.

어떤 이에게 지금의 세상은 너무나 살기 좋아서 환희와 기쁨의 세상일 수 있다. 그런 사람은 이 세상에서 벗어나기를 결코 바라지 않을 것이다. 대부분의 사람이 그러하다. 그런데 이 세상살이가 고달프고 힘겹기만 해 인생을 고해로 여기는 사람조차도 정작 이 세상에서 벗어나는 것은 마냥 달가워하지 않는다. 말은 죽고 싶다 하면서도 조금만 아파도 당장 병원으로 달려가는 사람이 많은 걸 보면 그렇다. 죽음의 두려움이 그렇게 큰 것일 게다. 그런 사람에게는 호손의 말이 딱 제격일 수 있다. 반면, 세상을 아련한 좋은 추억으로는 간직하고 싶지만 그럼에도 영원히 머물 곳은 아니라고 생각하는 이들도 적지 않다. 〈귀천〉이란 시에서 세상과 인생을 소풍으로 비유한 천상병 시인이 그중 하나일 것이다.

그렇다면 사회학자는 세상에 대해 무엇이라고 이야기할까? 무척 무미건조하게 말하는 게 사회학자의 고질병이어서 너무 큰 기대를 안 하는 게 좋다. 그러나 그렇다고 해서 그들의 말을 완전히 무시할 것은 아니다. 여기선 슈츠의 견해를 소개하고자 한다. 슈츠는 우리의 일상의 세계를 여러 개의 현실 중 "최고의 현실paramount reality"이라고 말한다. 그 이유는 이렇다. 일상의 현실이 최고로 중요한 이유는 바로 그것이 완전히 "깨어 있는 상태"라 그렇다. 그리고 그 깨어 있는 상태에서 우리는 일을 한다. 그것도 동료와 함께. 그래서 일상의 현실은 인간이 모여 하는 "일의 세상the world of our working"이다(〈다중의 실재On Multiple Realities〉). 나 혼자만 일을 하고, 나 혼자만 깨어 있는 것이 아닌 모두가 깨어서 모두가 함께 일하고 생활하는 세상, 그렇기에 이것은 인간이 경험하는 의미 있는 세상들 중에서 "최고의 현실"일 수밖에 없는 것이다. 이를테면 꿈의 세상과 독서삼매경에 빠져 있는 물리학도의 세계와 일상의 세계는 완전히 다른 것이다. 어쨌든 인간이 마주하는 현실 세계는 '나' 혼자 좌지우지 못 하는, 엄연한 객관성을 갖는 세상이다. 그래서 거기서 옴짝달싹 못 한다. 허투루 행동했다가는 골로 가는 세상이라고 여기며 조심조심 하루하루를 살얼음판 걷듯이 살아가고 있다. 완전히 깨어 있는 상태에서, 정신을 바짝 차리고.

데스모스

그러나 하이데거는 슈츠가 말하는 이 완전히 깨어 있는 세상도 결국은 꿈꾸고 있는 것이라고 말한다. 잠자고 있는 상태라고 말한다. 그가 볼 때 세상은 사람으로 하여금 가장 중요한 것을 망각한 채 삶을 살아가도록 사람들을 속이면서 독려하며 거기서 빠져나오지 못하게 하는 수면 상태다. 세상 속에서 살며 사람이 망각한 가장 중요한 사실은 바로 죽음이다. 하이데거가 볼 때 인간의 본질은 곧 "죽음을 향해 달려가는 존재being-toward-death"라는 사실에 있다. 그러나 사람은 그 당면한 죽음을 자신의 것으로 여기지 않으면서 자신은 죽음으로부터 빗겨나 있다고 믿고 태연하게 하루하루를 살고 있다. 그렇게 된 이유는 사회가 당면한 죽음을 사람들이 잊도록 손을 써놓았기 때문이다.

죽음은 공포다. 그러나 세상은 사람들에게 '네'가 죽는 것이 아니라 '사람we all'이 죽는다고 사탕발림을 해서 마치 '내'가 당장은 죽음으로부터 면제를 받은 양 착각하게 한다. 그래서 그 죽음의 공포에서 벗어나게 한다. 죽음의 공포에서 벗어난 것이 곧 이 세상 속 사람이 수면 상태에 놓여 있다는 것을 말해준다. '사람은 모두 죽는다!'에서 '사람'이란 구체적인 그 '누구'가 아니고 이름 없고, 형체와 실체가 없는 그저 추상적인 범주일 뿐이다. '네가 당장 죽는 게 아니야. 우리 모두는 언젠가는 죽어. 그러니 걱정하지 말고 하루하루 살아나가. 너에겐 함께 할 가족과 친구가 있잖아. 사회가 있잖아. 그들도 이렇게 하루하루 씩씩하게 살고 있는데 무슨 걱정이람. 죽음이란 것 신경 쓰지 말고 살아!' 하고 세상이 끊임없이 속삭이고 있는 것이다. 하이데거의 표현대로 "합창"을 해대고 있는 것이다. 그런 "멜로디"에 취해 사람은 수면 상태에 빠져 있으면서 자신에게 닥친 절체절명의 사태인 죽음을 망각하고, 즉 자신과 죽음은 전혀 별개라 여기며 지금도 열심히 일하며 살아가고 있는 것이다. 그러나 그렇게 여긴다고 해서 죽음이 면제된 것은 아니다. 그런 엄정한 사실이 삭제된 것이 아니다. 그것을 직시하지 못하고 인식하지 못한다면 그것은 잘못된 삶이라고 하이데거는 말한다(《존재와 시간》; 《형이상학의 기초개념》).

사람들을 그런 잘못된 삶으로 이끄는 최대의 사기꾼이 바로 세상이다. 즉 앞에서 말했던 아디아포라를 중시하게 하는 게 바로 사회라는 세상이다. 그 세상 속에 있으면 치명적으로 중요한 것(디아포라, 여기선 죽음)을 망각해 놓치게 만들며 전혀 중요치 않을 것에 사람들이 신경을 쏟고 온갖 정력을 바쳐 매진하게 한다.

　이렇게 사람들이 세상 속에서 정신줄을 완전히 놓고 살게 된 것을 두고 하이데거는 세상 속의 인간이 '데스모스δεσμός, desmós' 상태에 빠져 있다고 표현한다. 고대 그리스어 데스모스의 문자적 뜻은 '매여 있음'이다(《형이상학의 기초개념》). 어디에 단단히 매여 있어서 빠져나오지 못하는 상태, 다른 어떤 것도 받아들일 수 없는 상태, 다른 가능성에 대해서 하나도 수용할 여지를 두지 못하는 상태가 데스모스인 것이다. 그것은 곧 깊은 잠에 빠져 꿈을 꾸고 있는 것과 같다. 그러나 거기에 빠져 있는 동안에는 자신이 잠을 자고 있는 것과 꿈을 꾸고 있다는 사실을 전혀 모른다. 세상 속의 사람은 자신이 꿈을 꾸고 있고, 깊은 잠을 자고 있다는 사실을 전혀 눈치채지 못하고 있는 것이다. 그렇게 아디아포라는 디아포라로 둔갑하고 디아포라는 아디아포라가 된다.

깨어 있으면서 꿈꾸고 있는

슈츠 같은 이는 일상의 세계가 깨어 있는 사회라고 말하는 반면 하이데거 같은 이는 꿈꾸고 있는 것이라고 말한다. 얼핏 모순되는 것 같지만 엄밀히 말해 그렇지 않다. 꿈꾸고 있는 동안 다른 세상을 모르는 것, 즉 그것을 간과하고 무시한다는 의미에서 보면 위의 두 주장은 배리背理되지 않는다. 한 세계만 고집할 때 그것은 분명 꿈꾸고 있으나 그 세상 내에서는 눈을 부릅뜨고 깨어 있는 것과 같다. 그러나 다른 세상 입장에서 볼 때 그것은 분명 꿈꾸며 잠을 자고 있는 것이다.

확실히 어느 누구도 꿈꾸는 동안 자신이 꿈꾸는지 모른다. 꿈속에서 악몽에 시달리면 땀으로 흥건히 잠자리를 적신다. 심지어 몽정을 하기도 한다. 그때는 그게 현실이라서 그렇다. 슈츠의 견해에 따르면 세상은 여러 개의 "제한된 의미의 영역finite provinces of meaning"으로 나뉜다. 즉 각각의 영역은 각각 그 영역 내에서 의미가 통하는 세계다. 그중에 꿈의 세계도 있고, 수학도의 정신세계도 있고, 종교 세계도 있고, 완전히 깨어 동료와 함께 일하는 일상의 사회 세계도 있는 것이다. 그중 일상의 세계는 가장 최고의 대접을 받는 세계다. 그럼에도 각각의 의미 영역은 사람이 그것 속에 있을 때 다른 것의 침입을 용인하지 않는다. 그것들이 작동할 때 그 당시는 그게 생생한 현실이다. 그래서 이 세계에서 다른 세계로 건너갈 때는 "충격"이 따른다고 슈츠는 말한다.

어쨌든 꿈꾸는 동안은 꿈속이 현실이다. 깨어 있는 일상의 현실은 그게 현실이라 이야기하지만, 사실 깨어 있는 현실조차 꿈이라는 말을 듣기도 한다. 확실히 꿈의 현실의 입장에서 보면 일상의 깨어 있는 현실(최고의 현실)은 다른 세계, 즉 꿈의 현실이기도 한다. 꿈의 현실과 깨어 있는 현실이 명확히 갈라지지만 그 형식 면에서는 전혀 구분되지 않는 이 기이한 사실. 몇몇 현자는 지금의 우리가 애지중지하며 온갖 욕망의 덩어리를 버무려 그것이 이루어지기를 바라 마지않는 깨어 있는 현실이 꿈의 현실이라 말한다. 그러나 확실한 구분이 있다. 꿈의 현실 속 꿈은 나 혼자만 홀로 꾸는 것이고, 이 현실 속 꿈은 나와 내 주위와 내가 알지 못하는 이들 모두 함께 꾸고 있는 꿈이다. 다만 역설적이고 괴이하게도 그것이 꿈인지 잘 모르는 것이다. 전혀 눈치채지 못하고 있는 것이다. 현실 세계 속에선 이게 꿈인가 하고 꼬집으면 아프다. 옆의 사람도 동일한 것을 보니 혼자만의 꿈이 아니라고 안도한다. 꿈이라 의심하지 않는다.

블랑쇼는 "꿈꾸는 것과 깨어남 사이에는 아무런 멈춤도 아무런 간격도 없다. 이런 의미에서 결코 꿈꾸는 자는 깨어날 수 없다고 말하는 것이 가능하다. (중략) 꿈은 끝이 없고, 깨어남은 시작이 없다: 둘 중 어느 것도 결코 각자에게 도달하지 못한다"고 말했다(《카오스의 글쓰기The Writing of the Disaster》). 이런 그의 주장은 앞에서 전개한 맥락에서 보면 반은 맞고 반은 틀린 것이다. 확실히 꿈꿀 때와 깨어 있는 현실은 서로 왔다 갔다 할 수 없다. 서로의 세계에 매여 있는 동안은 그렇다. 그런 점에서 블랑쇼의 말은 맞다. 그러나 깨어 있는 세상이 데스모스 상태라는 의미에서 그것도 또한 꿈꾸고 있는 세상이다. 그러므로 그 사이에 아무런 멈춤도 아무런 간격도 없으며 각자에게 결코 미치지 못한다는 말은 이 경우 틀린 말이 된다. 다시 말해, 우리의 일상의 세상은 깨어 있으면서 동시에 꿈꾸고 있는 것이기 때문이다.

실제와 허구가 뒤섞인 드라마

깨어 있는 동안에는 분명 이성이 작동한다. 그런데 그렇게 작동한 이성은 한데 모이면 비합리적이다. 마치 모든 꿈이 비합리적이듯. 그래서 모든 이가 함께 꾸는 현실의 꿈, 현실의 잠은 비합리적이다. 비록 이성에 근거했다 할지라도 집단적으로 꾼 꿈은 비합리적이다. 뒤르켐이 보는 집합적 정신착란의 상태, 내가 보는 집단적 광기의 상태가 곧 현실 세상이다. 일찍이 고대 로마의 철학자 세네카Seneca도 "우리는 개인적으로뿐만 아니라 국가적으로도 미친다"고 말하며 그 증거로 전쟁을 예로 들었다.

만일 이것이 사실이라면, 즉 집단 전체가 미쳐 돌아가는 것을 미친 것으로 파악하지 못하고 정상으로 여기는 개인이 존재하는 것이 사실이라면, 개인의 이성이라는 것은 무엇을 뜻하는가? 주지하다시피, 인간은 사회적 동물이므로 개인과 사회를 분리할 수 없다는 것이 사회학자들의 주장이다. 또한 인간의 의식과 지식이 진공상태에서 만들어진 것이 아니라 사회적으로 영향을 받는다는 것이 지식사회학자가 줄곧 주장하는 바이다. 만일 그런 주장이 합당한 것이라면 개인의 이성 또한 광기를 내포하고 있다고 볼 수 있지 않을까? 그러니 들뢰즈 같은 이가 "모든 이성의 저류에는 정신착란과 표류가 있다"(《사막 섬들과 다른 텍스트Desert Islands and Other Texts》)고 말한 것도 일리 있는 주장으로 들리는 것이다.

집단 광기와 집단 착란 상태에서는 어떤 사태에 대해 진실을 보는 눈이 가려질 공산이 크다. 허구와 거짓을 진실로 착각하는 우를 범하기 쉽다. 아니 집단과 사회가 보는 눈은 항상 찌그러져 있다. 제한된 형태로 사태와 사물을 보게 하는 게 사회다. 사람들은 그 속에서 '혹시나 잘못 판단하는 것은 아닌가?' 하는 의심조차 저 뒤로 내팽개친 채 주위의 사람들이 하는 대로 행동하고 생각한다. 모든 의심이 중지된 상태의 세상. 그래서 세상은 거짓투성이다. 사회는 거짓 위에 기반한 것이다. 이와 관련해 키르케고르는 "군중이 있는 곳은 어디든지 거짓이 있다"고 날카롭게 지적했다(《다양한 영혼이 말하는 교훈적 담론Upbuilding Discourses in Diverse Spirits》).

인간은 늘 거짓된 행동을 한다. 그것이 선의든 그렇지 않든 관계없다. 따지고 보면 그 삶 자체가 거짓이다. 진짜라 말해도 거짓이 섞여 있다. 그런 측면에서 인생은 드라마다. 굳이 셰익스피어나 라신Jean Racine과 같은 작가를 들먹이지 않더라도 인생은 드라마다. 멀리 갈 필요도 없다. 고프만도 《자아연출의 사회학The Presentation of Self in Everyday Life》에서 사회적 인생을 연극무대에 비유했다. 원래 드라마는 픽션이며, 픽션은 허구, 즉 거짓이다.

그런데 우리의 일상생활이 사회적 드라마social drama라면, 그것 또한 드라마인 이상 픽션이다. 그런데도 우리는 픽션을 실재라 믿는다. 그 실제적이라고 믿고 있는 현실 속에서 '나'의 정력과 시간을 허비한다. 그러나 아무리 귀중한 것으로 보이던 것도 시간이 지난 뒤 뒤돌아보면 거의 대부분 예외 없이 헛헛하다. 그리고 얼굴이 화끈거릴 뿐이다. 그것은 내가 쓸데없이 애써 연기했다는 증거다. 그 연기를 진짜라고 믿고 타인에게도 그렇게 보이도록 강요하며 사람들 모두 그런 연기에 전력 질주를 했다. 그렇게 허구의 드라마는 진행된다. 시간이 지나고 나면 판을 접고 떠나야 하는 소꿉장난 같은 드라마다.

이것을 깨닫는 순간, 바로 그 찰나의 순간에 우리는 이 모든 거짓된 삶을 떨쳐버리고 진짜의 삶을 살고 싶다는 생각이 용암처럼 뜨겁게 가슴 한 편에서 용솟음침을 느끼게 된다. 그런데 안타까운 것은 그 정도의 관조의 시간이 오면 이미 때는 황혼 무렵이다. 추운 겨울을 나며 아무런 준비를 못했는데 꽃이 피는 계절이 훅하고 불쑥 다가오듯, 전혀 준비되지 않았는데 저 멀리 있던 죽음의 그림자가 불현듯 다가오는 게 인생이다. 이제야 조금 깨달을 만해지면 세상과 작별을 고해야 할 시간이 우주선 발사의 카운트다운처럼 강렬한 박동으로 '나'에게 훅 하고 갑자기 다가온다. 나이를 먹는다는 것, 늙는다는 것은 먹는 약이 늘어난다는 것 그 이상도 그 이하도 아니다. 어딜 가나 따라다니는 것은 약봉지다. 그것밖에 '내' 몸에 붙어 있으려 하는 것은 없다. 모든 게 '나'를 떠나려고만 든다. 손에 움켜쥔 진흙이 슬며시 손가락 사이를 빠져나가는 것처럼 그렇게 떠나려고만 든다. 그렇게 허무한 게 인생이다. 그게 사회라는 세상 속 살이의 핵심이다.

그런데 이보다 더 비참한 것이 있다. 그 픽션 속에서 '내'가 한 행동 때문에 어떤 것은 최종적으로 '논픽션'으로 남아

버리기도 한다. 결국 이 사회 세상이란 드라마는 픽션과 논픽션이 한데 뒤섞여 뒤죽박죽이 된다. 물론 거짓된 행동조차도 행동으로 실행되면 실화가 된다. 그러나 라신이 "인생은 생각하는 자들에겐 코미디, 느끼는 자들에겐 비극"이라고 말한 것처럼 인생이란 최종적으로는 논픽션, 단지 허구의 드라마로 남는 것이 그 운명이지만, 거기엔 '내'가 저지른 행동에 대한 책임이 따른다. 처절한 책임을 물을 것이다. '내'가 한 행동에 책임을 져야 한다. '내'가 한 행동이 논픽션 속 허구라고 발뺌을 할 여지가 전혀 없다. 아뿔싸! 이런 것을 깨달을 때는 이미 버스는 지나간 뒤다. 그렇게 내 행동에 대한 청구서가 날아올 것이고 나는 그 대가를 반드시 치러야 한다. 그러나 우리는 이런 것을 생각할 겨를도 없이 자연적 태도에 빠져, 즉 군중과 함께하는 잠에 푹 빠져 쓸데없는 일에 인생을 소비하고 함부로 행동했다. 아, 덧없는 인생이여.

픽션 드라마를 연출하자마자 그것은 논픽션이 된다. 그러나 그것은 멀리서 보면 여전히 픽션이다. 희극이나 비극 둘 중 하나다. 멀리서 본다는 것은 드라마에서 벗어났다는 것을 말한다. 거기서 벗어난 이가 드라마의 실체에 대해 정확히 알 수 있다. 방관자의 시점, 제3자의 시점, 그것을 가진 이가 바로 이방인이다. 그는 모두가 픽션 드라마를 찍는 데 한창 몰두할 때 외부에서 파고들어 오는 빛과 소리에 귀를

열어놓고 있는 자다. 그는 그 드라마 밖의 세상에 선 진정한
존재다.

> 모든 이는 타인이고
> 그 어느 누구도 자기 자신은 아니다.
> _마르틴 하이데거

타인의 그림자

13세기 페르시아의 시인 잘랄 아드딘 루미Jalāl ad-Din Rumi는 이렇게 읊었다. "하루 종일 생각하고 밤이 되면 묻는다. 나는 어디서 왔으며, 무엇을 해야만 하는가? 전혀 알 수가 없다. 나의 영혼은 분명 어딘가로부터 온 것일지니. 나는 그곳으로 가리라."

나란 무엇인가? 그것을 생각해보려면 과거의 나를 되짚어볼 수밖에 없다. 그러나 과거의 '나'는 명확히 움켜잡을 수 없는 그림자 같다. 마치 투명인간처럼 잡으려 하는 순간 허공 속으로 증발해버린다. 그러고 나서 곧장 나는 그 알 수 없는 나의 미래로 향한다. 나는 어디로 가는가? 그 어디로 가는 나는 과연 무엇인가?

그 움켜잡을 수 없는 나이지만 한 가지 움켜잡을 수 있는 것이 있다. 그것은 바로 내 속에 타인의 그림자가 어른거린다는 것이다. 내 속엔 타인이 있다. 내 속에 타인이 없다면 나는 더 이상 내가 아니다. 푸코는 "내가 누구냐고 묻지 마라. 또 지금 그대로의 나로 남아 있어 달라고도 하지 마라. 어떤 얼굴도 갖지 않기 위해 글을 쓰는 나 같은 이는 의심의 여지 없이 그 속에 한 명 그 이상의 사람이 있다"며 자신 같은 작가만이 그 내면 속에 다수의 타인을 들어 앉혀놓은 것처럼 이야기했다(Miller,《미셸 푸코의 열정The Passion of Michel Foucault》). 그러나 사실 그것은 작가만 해당하는 게 아니다. 모든 사람은 그 자신 속에 수많은 타인이 들어가 있다. '내' 속에 타인이 들어와 있다니 도대체 무슨 말인가? 무슨 빙의라도 되었다는 말인가?

빙의? 물론 그런 것은 결코 아니다. 사회학자 미드George H. Mead는 어떻게 그런 일이 벌어지는지를 잘 설명해준다. 그는 인간의 자아가 발전하는 것을 세 단계로 나누어보았는데, 완전한 하나의 자아가 완성되기 위해서는 마지막 단계에서 한 인간 속에는 "일반화된 타자generalized others"가 들어가야 한다고 말한다. 일반화된 타자란 인간이 속해 있는 사회의 모든 인물 군상이다(《정신, 자아 그리고 사회Mind, Self and Society》).

말하자면 대통령, 의사, 청소부, 경찰관, 강도 등에 이르기까지 모든 타자가 한 사람 속에 들어오면 그때야 비로소 자아가 완성됐다고 본다. 그렇게 '나'라는 것은 결국 타인의 그림자일 뿐이다. 내 속에 어른거리는 타인을 소거하면 남는 것은 아무것도 없다. 그런데 그 타인은 또 무엇인가? 그들 속에도 타인이 존재하며, 마찬가지로 그것들을 소거하면 아무것도 남는 게 없다. 아, 도대체 나란 무엇인가? '나'라고 불릴 어떤 알맹이 같은 게 과연 존재하기라도 한 것일까?

가면

타인이 내 속에 들어 있다는데 그것은 무슨 말인가? 나는 언제든 타인과 대화할 수 있고 그들과 역할 놀이를 할 수 있다는 것과 그들을 밖으로 불러내 그들을 흉내 낼 수 있다는 것을 말한다. '내'가 마주하는 타인도 그런 '내' 속의 타인을 불러내 대입시키고 행동한다. '내' 속에 남편과 아내를 집어넣은 성인은 결혼을 해 각기 남편과 아내가 되었을 때 자신이 어려서 자신 속에 집어넣었던 남편과 아내라는 타인을 소환해 역할 놀이를 하는 것이다. 그렇게 우리는 각자 맡은 배역을 자신 속에 품고 있던 타인을 통해, 그것을 의지해, 그것 내에서 소화해낸다. 물론 그 연기는 하는 사람에 따라 다른 색깔을 낼 수 있지만 어쨌든 그가 맡은 배역의 형식과 틀은 전형적인 그것에서 크게 벗어나지 않는다.

그렇다면 배역이란 무엇인가? 그것은 무대 위에서 벌어지는 드라마의 등장인물을 말하며 그 등장인물은 각각의 성격을 가진다. 그 배역의 성격을 영어로 페르소나persona라고 한다. 즉 무대에서 다른 사람에게 비치는 모습이다. 페르소나의 진정한 의미는 '가면mask'이다. 고대 연극 무대에서 배우들은 자신을 드러내지 않은 채 가면을 쓰고 연기했다. 현대 연극에서 가면을 쓰고 연기를 하는 모습은 드물다. 비록 그렇다 하더라도 맨 얼굴의 배우는 이미 배역이라는 가면을 쓴 것이나 진배없다. 분장은 논외로 치더라도 말이다.

그런데 영어로 인간을 여러 가지로 쓸 수 있지만 그중 하나가 '퍼슨person'이다. 그것은 페르소나에서 나왔다. 그러니 결국 인간, 즉 퍼슨은 가면인 셈이다. 수많은 가면을 썼다 벗으면서 사는 게 인간이고 그렇게 만든 게 세상이고 그것이 우리의 삶이다. 그 수많은 내면의 가면은 곧 내면에 그만큼의 타인이 똬리를 틀고 있음을 말한다. 미드 식으로 말하면, 그런 수많은 가면을 보유하지 않은 이는 정상적인 성인의 대열에 오른 것이 아니다. 어린아이는 아직 많은 가면을 갖지 못했기에 아이 취급을 받아 실수가 허락된다. 그러나 만일 몸이 다 자랐음에도 아직도 몇 개의 가면밖에 갖지 못한 사람이 있다면 사회는 그를 정상적인 성인 취급을 하는 데 매우 인색하다.

상황이 이럴진대, 사람들은 흔히 자신은 한 개의 공고한 성격, 즉 가면 하나만을 갖고 있다고 생각한다. 아니 그것을 가면이라고도 전혀 생각조차 하지 않는다. 그것을 가면이라고 말해주면 자신이 겉과 속이 다른 이중인격자라고 욕하는 것이라 생각하고 화를 낸다. 사회학자가 말하는 가면은 겉과 속이 다른 이중인격자보다는, 인간이란 형체가 없는 물처럼 실체 없는 존재라는 것을 보여주기 위함이다.

고프만은 인간의 얼굴을 초로 만들어진 것으로 간주했다. 그 초로 만들어진 얼굴은 뜨거운 불 앞에 놓이면 시시각각 변한다. 열에 의해 흘러내린 촛농, 그게 바로 인간이다. 그렇게 변한 얼굴이라는 가면을 쓰고 다른 사람을 대하고 상황을 대하고 결국에는 자기 자신을 대한다. 그러니 '나'란 누구인가란 물음이 제기되는 진실의 순간에 이르면 곤궁해질 수밖에 없는 것이다. 애초에 그렇게 물을 실체라는 게 '나'에겐 없었으니까. 그러나 앞에서 말했듯, 우리는 확고부동한 '나'라는 실체가 있다고 믿어 의심치 않았다. 예를 들면 나는 아버지이며, 가장이며, 남편이며, 변호사이며, 누구의 친구이며, 무슨 당 권리당원 혹은 지지자 등으로 여겨왔다.

당신이 그런 확고부동한 믿음의 소유자라면 쇼펜하우어의 다음의 말을 곱씹어보라. 그는 《비관론연구Studies in Pessimism》란 책의 한 꼭지에서 그런 사람에게 강한 펀치를 날린다. "실로 우리 사회 전체는 영원한 희극에 비유될 수도 있다. 그리고 이것이 바로 바보들이 무대에서 아무 생각 없이 아주 편하게 지내는 반면, 뭔가 있는 사람은 사회가 왜 그렇게 따분한 곳인지를 발견하는 이유다." 확고부동한 믿음의 보유자는 자신의 배역이 진짜인 줄 알고 편안하게 사는 순박한 바보(가면을 진짜인 줄 아는)이며 그렇지 않은 사람은 그저 빨리 끝나기만을 바라는 지루하기만 한 코미디일 뿐이니 그 역에 목매지 않는다는 뜻이다. 당신은 어느 쪽인가?

거부

만일 후자에 속한다면 당신에겐 그나마 일말의 희망이 있다. 깨어 있는 듯하나 실은 함께 잠자고 있는 세상에서 당신은 기지개를 막 켜고 있기 때문이다. 인간은 유일하게 현재의 자기를 거부하며 '노no'라고 이야기할 수 있는 존재다. 그런 존재에 가까워졌으니 희망의 싹이 보인다.

우리는 우리가 비록 의식하지 못하는 형태로 이미 세상이 원하는 배역에 거부의 의사를 밝히고 있을 뿐만 아니라 실제로 그런 행동을 하며 살고 있다. 일종의 배역에 대한 태업을 하고 있는 것이다. 고프만은 이런 것을 《수용소Asylum》란 책에서 자세히 밝혔다. 그는 인간의 자유를 억압하는 정신병원이나 감옥, 병영 등을 이른바 "전방위적압박기관total institution"이라고 불렀는데, 그런 곳에서 수감인은 기관의 명령에 무조건 복종하라고 요구받는다. 철저히 그 배역에 몰두해야 한다. 그렇지 않으면 갖은 박해와 압박이 가해진다.

그런데 자유가 박탈된 숨 막히는 그런 기관에서조차 인간은 자신의 재량과 숨쉴 틈을 만들어가며 무조건적인 복종이라는 역할로부터 거리를 두는 행태를 보인다고 고프만은 강조한다. 그는 그런 것을 "2차적 적응secondary adjustment"이라고 불렀다. 군대에서 상관이 하지 말라고 금한 일련의 행위를 몰래 숨어서 하는 행동 등을 말한다. 역할에 위배된 이런 태만 행위는 반드시 수용소와 같은 억압 기관에서만 벌어지지 않는다. 그것은 일상생활 어느 곳에서든 수시로 벌어진다. 그것을 고프만은 《조우자들Encounters》이라는 책에서 "역할소원(거리)role distance"이라는 개념으로 설명했다. 학생의 본분에 맞지 않은 행동, 이를테면 화장이나 음주 및 흡연, 부정행위 등을 하는 행위 등이 역할소원에 해당된다.

평상시 일상에서 이러한 역할소원을 밥 먹듯이 하는 사람이 자신에게 주어진 역할을 지고지선으로 받아들이고 있으며, 자신에게 주어진 역할이 바로 자신이라고 우직하게 믿고 있다면 그것 자체가 코미디다. 자신은 그런 역할과 거리를 두고 행동하고 있으면서, 생각은 그런 맹목적 믿음 속에 빠져 있는 것은 얼마나 해괴한 일인가. 이런 맹목적 믿음—사르트르는 이것을 "숯쟁이의 신앙la foi du charbomier"이라고 불렀다(《존재와 무Being and Nothingness》). 그것은 우직하고 소박한 믿음이란 뜻이다—은 자신이 바라 마지않던 역할을 자기의 직업으로 택한 사람에게서 두드러지게 보이는 현상이기도 하지만, 반드시 꼭 그렇지는 않다. 다시 말해 탐탁지 않은 직업이나 역할을 맡은 사람일지라도 그게 바로 자기 자신이라고 여기며 살 가능성도 매우 높다. 그런 사람 모두 그런 역할의 가면을 쓰고 연기를 하고 있을 뿐이라고 누가 지적할라 치면 분개할 것은 뻔한 이치다.

왕자와 거지, 그리고 건초더미 위의 말

말이 추운 겨울날 따뜻한 햇볕이 내리쬐는 마구간의 건초더미 위에 누워 행복함을 누리는 것은 진짜 행복이다. 왜냐하면 말의 본성이 원래 건초더미를 원하며 거기서 행복을 느끼는 것이 지극히 자연스럽기 때문이다. 말은 가면을 써본 적이 없다. 가면 없이 누리는 행복이니 진짜 행복이다. 그러나 인간은 그렇지 않다. 만일 내가 교수로서 연구실에 앉아, 아니면 강의실에서 학생들을 마주하며 행복감을 느낀다면 그것은 말이 누린 행복과는 다르다. 왜냐하면 나는 애초부터 교수로 태어나지 않았기 때문이다. 나는 교수라는 가면을 쓰고 그 순간 행복감을 느끼는 것이다.

마찬가지로 내가 아내로서, 아니면 남편으로서 가지는 행복도 사실은 가짜다. 비록 진정으로 행복감을 운명적으로 느꼈다고 할지라도(충분히 그럴 수 있다고 십분 이해함에도) 그것은 가짜다. 우리는 애초에 남편과 아내, 그것도 지금의 내 남편과 내 아내로 짝지어 태어난 것이 아니기 때문이다. 그것은 마치 《왕자와 거지》라는 동화 속 거지가 왕자 행세를 하다가 들통이 나서 쫓겨나는 것과 마찬가지로 거짓의 삶이다. 이것은 물론 부부가 가짜로 결혼하고 가짜 결혼증명서를 발급받아 부부 행세를 하는 가짜 부부라는 식의 가짜라는 뜻이 결코 아니다. 우리의 진정한 삶 속에서는 거지로서 혹은 왕자로서 애초부터 공장의 벽돌처럼 찍혀 나온 사람은 없기 때문이다. 우리에게 있는 것이라곤 우리가 그저 단순히 '사람'이라는 것뿐이다. 왕궁에 사는 왕자조차 태어날 때는 그냥 사람이다. 결코 그의 탯줄에 '왕자'라고 찍혔을 리가 없다.

물론 사람으로서 느끼는 행복이 있을 수 있다. 타인과의 교감, 말하는 기쁨, 무언가를 만들어내고 창작하는 기쁨, 일하는 기쁨, 자녀에 대한 기쁨 등일 것이다. 그러나 그것이 범위가 좁혀져 현재 내가 처한 위치나 직위, 지위, 직종, 서열, 혹은 그것으로 인해 획득한 콩고물, 이를테면 권력이나 부, 명예 등에 초점을 맞춘다면 그것으로 얻는 만족과 행복은 사실 허상일 뿐이다. 마침내 거짓이 거짓으로 판명돼 드러날 때, 승전가를 부를 사람은 그리 많지 않다. 왜냐하면 대부분의 사람은 자기에게 주어진 가면을 자신으로 믿는 착각 속에 살고 있기 때문이다. 그것을 지루하고 따분하기만 한 한낱 코미디로 여기는 사람, 그래서 자신에게 주어진 배역에 시큰둥하게 억지 춘향 격으로 임하는 사람, 그것을 하찮게 여기며 언제나 떠날 준비를 하는 사람, 그들만이 승전가를 부를 자격이 있다. 그들만이 세상에 배신을 당하지 않고 빠져나갈 자격이 있다. 그런 이들이 바로 이방인이다. 세상의 모든 지위와 직업, 배역에 목을 매지 않는 자, 모두 내걸지 않는 자, 언제든 그런 것이 주는 명예와 권력과 부를 벗어 던질 준비가 된 자, 그들이 이방인이다.

어쨌든 그렇게 배신은 우리 주위를 언제나 맴돌고 있다. 지금 이 순간에도.

무채색 인간

러시아의 문호 톨스토이Leo Tolstoy는 인간이 도달할 수 있는
단 하나의 지식이 있다면 그것은 바로 "인생이 무의미한 사
실"이라고 《고백록Confession》에서 토로한 바 있다. 자신이 맡
은 역할, 즉 사회적 드라마의 배역에 배신당하는 사람이건
아니면 그것을 일찌감치 간파한 사람이건 상관없이 모두 인
생이 무의미한 것은 두말할 나위가 없다. 인생의 청구서가
날아오는 날 그것은 확연해질 것이다.

결국 자신이 걸쳤던 가면이 완전히 벗겨지는 날은 반드시
도래할 것이고, 그것과 함께 인생의 덧없음과 무의미성도 쓰
나미처럼 밀어닥칠 것이다. 그래도 그런 쓰나미를 피해 일찌
감치 산으로 올라간 사람은 낭패를 모면할 것이다. 미리 만
반의 준비를 해놓았기 때문이다. 그들은 쓰나미가 덮치지 못
할 정도의 고도에 올라 자신의 몸을 지킬 것이다. 자신의 영
혼을 지킬 것이다. 그렇게 자신을 지킬 수 있는 이가 바로 이
방인이다.

그런데 이런 측면에서 우리의 일상생활 세상에서도 이방
인에 아주 가까운 인물이 존재한다. 바로 아이와 노인이다.
이들은 한창 사회의 주역으로 행세하는 청장년층과 중년층
과는 달리 무색의 사람이다. 그들은 어린아이와 노인이라는

것만 빼고서는 정체를 모르는 사람이다. 청장년·중년의 사람이 나이 외에도 그 정체를 대충 가늠할 수 있는 사람임에 비해 어린아이와 노인은 그 정체를 가늠하기 힘들다.

전자에 속하는 이들은 그들의 학력이나 직업, 사회적 지위 등을 하고 다니는 행색이나 행세를 통해 대충 그려볼 수 있다. 그런 의미에서 그들은 색깔이 있다. 예를 들면 교사, 교수, 연예인, 의사, 정치가, 택배원, 대학생 등. 하지만 후자의 사람은 그렇게 하는 것이 매우 힘들다. 왜일까? 어린아이와 노인은 모든 사회적 가면과 겉치레를 벗어버린 자들이기에 그렇다. 물론 아이는 사회적 가면을 아직 착용하지 않아서 벗어버렸다는 표현은 조금 어폐가 있으나 그럼에도 그 상태는 노인과 별반 차이가 없다.

노인은 인생의 끝을 향해 달려가는 속도만큼 그들의 사회적 가면도 그렇게 빠르게 완전히 벗겨졌다. 그것은 그들이 인생의 끝을 향해 질주한 그 속도와 거기에 쏟아부은 정력 때문에 벌어진 일이다. 그들은 인생의 의미를 자신이 맡은 역할에서 찾기 위해 자신의 역할에 모두 걸었다. 모든 것을 쏟아부었고 완전히 소진했다. 더 이상 남은 게 없다. 더 이상 바랄 것도 없어졌다. 그것은 인생의 아이러니다.

인생은 총량제, 평생에 쓸 것과 누릴 것은 한정되어 있다. 화수분이 아니다. 젊어서 술을 많이 마신 사람은 그렇지 않은 사람보다 늙어서 술을 젊을 때만큼 먹고 싶어도 더 이상 먹지 못한다. 배역도 마찬가지다. 젊어서 주어진 배역에 충실했으니 늙어서 하지 못하는 것이다. 아무리 하고 싶어도 하지 못한다. 아예 하고 싶다는 생각 자체가 들지 않는다. 인생의 무의미성을 이제야 알아갈 나이가 되어버렸기에 그렇다.

반하다

반하다는 말은 어디에 홀딱 빠졌다는 것을 뜻한다. 어디에 매혹되어 빠졌다는 것은 무엇을 말하는 것일까? 그것은 이미 빠진 대상에 반이 되어버렸다는 뜻은 아닐까? 매혹된 대상이나 사람의 이미 일부분, 즉 반이 되어버린 상태, 그래서 반했다는 말이 나온 것은 아닐까?

그래서 나는 반했다는 말이 혹시 한자의 절반 반半에서 유래한 말은 아닐까 하며 여기저기 전문가들(고대 중국어 교수와 국문과 교수)에게 수소문해보았지만 명확한 답은 아직 얻지 못했다. 어쨌든 사회학적 상상력을 동원해 반하다는 말을 내 식으로 설명해보면 앞의 설명한 그대로다(나는 국어학자가 아니니 어학의 문법 내에서만 말해야 하는 어학자들로부터 자유롭다. 나는 그들로부터 이방인이다. 외람되지만 나는 그럴 자유가 있다). 만일

나의 상상력이 일말의 설득력을 갖는다면, 나는 다음과 같이 이방인의 처지를 설명하고 싶다

이방인은 호기심을 갖고 떠나고 떠났다. 그것은 자신이 속하고 싶어 하는 곳에 반했기 때문이다. 이미 자기가 속하고 싶어 하는 집단의 반이 되어버렸다. 그는 자기의 반을 잃어버렸다. 달리 표현하면 이미 반한 대상의 반이 그의 반을 차지했다. 그렇게 반하면서 떠나고 떠난다. 그렇게 상대의, 혹은 새로운 집단에 반하다 보니 결국에는 사회적으로 규정될 것은 아무것도 없는 이가 된 자가 이방인이다. 다른 것에 계속해서 자신의 반을 떼어주다 보니 남는 것이 무엇이 있으랴. 결국엔 더 이상 남은 것도 없고, 바랄 것이 없어진 자, 더 이상 반할 게 없게 된 자가 이방인이다. 있는 것이라고는 공허밖에 없는 자가 바로 이방인이다. 그는 인생의 끝이 다가오기 훨씬 전에 이미 무의미와 공허를 맛보았다. 그런데 내가 볼 때 노인의 상태가 정확히 이방인의 그것과 닮아 있다. 나이가 들어 죽음에 가까이 다다르면서 노인은 억지로라도, 아니면 강제적으로라도 무의미와 공허를 맛보게 되는 것이다. 그가 전혀 원하지 않았음에도 그것들이 밀물처럼 닥쳐온 것이다.

아, 사람이란 무엇인가? 나란 무엇인가?

18 웃음의 효용

결국 모든 것은 우스개다.
_찰리 채플린

빵과 서커스

'빵과 서커스bread and circuses'는 고대 로마의 풍자시인 유베날리스Juvenalis가 로마제국의 우민화정책을 비판하면서 만들어 낸 말이다. 시민을 배만 부르고 눈만 즐거우면 다인 인생으로 전락시킨 당시의 정책과 거기에 순치된 사람을 신랄하게 비꼰 데서 유래한 말이다.

그런데 이런 비판은 보통 풍자와 해학, 즉 웃음의 형식을 빌릴 때가 많다. 만프레트 가이어Manfred Geier가 쓴《웃음의 철학Worüber kluge Menschen lachen》은 그것들의 관계가 어떻게 긴밀한 것인지를 제대로 보여준다. 가이어가 볼 때, 뭐니 뭐니 해도 데모크리토스Democritos야말로 진정한 웃음의 철학의 대부라 할 수 있다. 그는 당대 주류 철학의 이방인이었다. 그는 학파도 제자도 키우지 않았다. 사회적으로 인정받으려 갈구하지 않았으며 정치에도 발을 들여놓지 않았다. 가이어의 묘사로는 데모크리토스는 "언제든 농담하며 웃을 준비가 되어 있는 세상을 향해 열려 있는" 사람이었다. 그는 "가장 멀리 있는 것을 탐구하고 싶어서" 지구 절반을 여행한 방랑자였으며, 순례 도중 아테네에서 소크라테스를 만난 적도 있으나 무시당했다. 그러나 그런 것에 전혀 개의치 않았다. 오히려 관심과 주목을 받기 원치 않았고, "바보들만이 삶의 기쁨이 없다"면서 항상 유쾌함을 유지하며 조용히 홀로 지내길 바랐다.

슬픔과 분노가 일 때조차 데모크리토스는 웃음으로 그것을 극복하고 승화시켰다. 유베날리스는 《풍자》에서 데모크리토스를 다음과 같이 칭송한다. "그는 백성의 걱정과 기쁨을 비웃거나 때로는 그들의 눈물을 비웃기도 하면서, 자신을 위협해오는 운명의 여신에게 목을 매라고 밧줄을 건네주며 가운뎃손가락을 내밀었다." 말하자면 데모크리토스의 웃음은 당시에 빵과 서커스에 매몰되어 있던 학자와 대중을 힐난하고 조소하는 수단이었던 것이다. 그것이 어떨 땐 너털웃음으로, 어떨 땐 해학과 풍자를 빌린 조롱의 웃음으로 표출된 것이다. 칸트Immanuel Kant가 인류사는 결국 "하나의 익살극ᵃ mere farcical comedy"이라고 말한 것을 두고 볼 때(《학부들의 논쟁The Conflict of the Faculties》), 데모크리토스는 이미 이것을 고대에 깨달은 현인이라 평가할 수 있다.

조롱의 철학

견유학파의 대가 디오게네스 또한 웃음의 철학의 간판 격으로 꼽는 데 전혀 손색이 없다. 철학자 페터 슬로터다이크Peter Sloterdijk는 디오게네스를 "유머러스한 자기 확신"과 "놀라운 유쾌함"의 화신으로 규정하며 "디오게네스의 무기가 분석보다 폭소"라고 한마디로 정리했다. 디오게네스는 당대의 사람을 한껏 "조롱"하기 위해 웃음과 폭소를 선택했다(《견유주의 이성비판Critique of Cynical Reason》). 개처럼 행하는 기이한 행동도 뒤따랐다. 그는 공공장소에서 대놓고 자위를 했으며 방귀를 뀌고 오줌을 눴다. 그런 그를 보고 사람들이 몰려와 조롱하면서 개라고 부르면, 그도 '너희들이 개'라고 응수했다.

디오게네스가 내건 철학의 목표는 고대 그리스어로 '파라카라테인 토 노미스마παραχάραξον τὸ νόμισμα, paracharattein to nomisma'였다. 그 뜻은 '주화의 위조'다. 파라카라테인은 '다시 새기다'란 의미이고, 노미스마는 '돈'을 뜻한다. 그래서 파라카라테인 토 노미스마는 '동전을 훼손하다', 또는 '압인을 변조하다'란 뜻이다(Rankin, 《소피스트, 소크라테스학파, 견유학파 Sophists, Socratics and Cynics》).

그런데 윌리엄 데스몬드William Desmond는 견유학파의 모토가 화폐를 훼손하는 것임을 확인하면서도 노미스마를 그것의 어원인 '노모스νόμος, nomos'와 연결해 더욱 확대시킨다. 노모스는 '지정된 어떤 것, 관습, 풍습, 법과 질서'다. 디오게네스가 당시 "인간의 관습적 관계를 모두 돈coins, nomismata과 탐욕에 의해 지배된 상태"로 보았다는 것이다. 그래서 디오게네스에게 철학의 목표는 이 전도된 가치의 재창조였다는 것이다. 따라서 파라카라테인 토 노미스마는 모든 기존 가치와 질서의 전도(혹은 재창조)를 의미한다(《견유학파Cynics》).

디오게네스의 조롱 대상은 도시국가들의 질서였다. 당시의 결혼과 재산, 정치적 성공과 출세를 지향하는 아테네 시민을 경멸했다. 디오게네스가 대낮에도 등불을 켜고 다니면서 "나는 사람을 찾고 있다"고 한 이유를 알 만하다(《웃음의 철학》). 그의 눈에는 진정으로 사람다운 사람이 없었던 것이다. 디오게네스는 자신을 아폴리스ἄπολις, apolis, 아오이코스ἄοικος, aoikos, 코스모폴리탄κοσμοπολίτης, cosmopolitan으로 규정했다. 즉 도시가 없는, 고향이 없는, 우주의 시민으로 말이다. 어디에도 속하지 않고 고향을 상실했으며 굳이 속한 곳을 꼽으라면 우주의 시민에 속해 살겠다는 디오게네스. 내가 볼 때 그는 정확히 이방인이다. 세계로부터, 동료들로부터, 고향으로부터 추방된 사람이다.

약자조차도 잘못하면 조롱받아야 한다. 그러나 조롱의 대상이 주로 약자라면 그것은 비겁하다. 강자와 약자를 가리지 않고, 정작 정색을 하고 대놓고 조롱해야 할 대상은 거짓말쟁이, 거짓말하는 권력자 그리고 신념에 찬 광신자다. 그들에겐 영국의 정치가였던 섀프츠베리 3세Anthony A. C. Shaftesbury가 이야기하듯 어떠한 처벌도 통하지 않고 오직 조롱만이 그들의 기만을 까발릴 수 있는 유일한 수단이다. 그는 "정직하지 못한 사람이 농담과 유머보다 더 두려워하는 것은 없다"고 말했다. 이처럼 조롱만이 진리를 드러내는 유일한 수단은 아닐지라도 그것은 분명 하나의 방편은 될 수 있는 것이다 (《웃음의 철학》).

웃음, 그 초월의 사회학에 대하여

러시아의 문학평론가 바흐친Mikhail Bakhtin은 프랑스 작가인 프랑수아 라블레François Rabelais론을 《라블레와 그의 세계 Rabelais and His world》에서 펼쳤다. 핵심 주제는 중세 및 르네상

스 시대의 웃음과 그것의 힘이다. 그는 다음과 같이 설파한다. "웃음은 아주 심오한 철학적 의미를 지닌다. 그것은 전체로서의 세계에 관한, 그리고 역사와 인간에 관한 진리의 본질적 형식 중 하나다. 웃음은 세계에 대한 독특한 상대적인 관점이다. 즉 웃음의 관점은 심각한 관점 못지않게(그리고 아마도 더 많이) 지대하게 세계를 새롭게 보이게 한다. 웃음은 보편적 문제를 제기하기 때문에 위대한 문학에서 심각함만큼이나 허용된다. 세계의 어떤 본질적 측면들은 단지 웃음으로만 접근할 수 있다."

세계적인 사회학자로 추앙받았던 나의 스승 버거도 웃음을 중시했던 사람이다. 그는 평상시에 시도 때도 없이 농담과 조크를 던진 것으로 유명하다. 사실 강의 시간에도 그랬다. 어떤 때는 너무 진하고 야한 농담을 던져서 학생들이 모두 낯 뜨거워하며 난감해하던 적이 한두 번이 아니다. 강박에 가까운 그의 농담과 조크 사랑은 다 이유가 있다고 나는 생각한다. 그는 웃음을 사회학과 거의 동류로 간주했다. 그의 실질적인 마지막 저서가 웃음을 주제로 한 것이 이를 증명해준다. 《구원하는 웃음Redeeming Laughter》이 바로 그것이다. 이 책에서 버거는 "코미디가 일종의 사회학임"을 천명한다.

버거는 사회학을 정체를 폭로하는 학문으로 규정했는데, 웃음 또한 그러하다는 것이다. 즉, 사회학이나 웃음 모두 정체 폭로적이고 전복적이다. 그것은 전복의 대명사 격인 마르크스류의 유산자계급의 전복 같은 것이 아니고 더욱더 근본적인 전복이다. 그것은 친숙한 것을 낯선 것으로 만드는 관점이기 때문이다. 버거는 코미디의 경험이 "성스러운 것의 허세를 포함하여 모든 가식의 가면을 벗겨낸다. 따라서 코미디는 모든 기존 질서에 중차대한 위험"이라고 썼다.

웃음의 정체 폭로적 관점은 전복적 속성으로만 끝나지 않는다. 그것은 초월과 연결된다. 초창기 시절에 쓴《천사들에 관한 풍문A Rumor of Angels》에서 버거는 유머가 비극을 포함한 모든 것을 "괄호 속에 넣음으로써 그것들을 상대화"시키며 결국 모든 것을 일시에 허물어버린다고 말한다. 인간은 아무리 처절한 상황일지라도 웃음을 통해 초월할 수 있다는 것이다.

세상을 심각하게 보지 않는 사람, 너털웃음으로 털어버릴 줄 아는 사람, 세상의 권력자를 냉소적으로 조롱할 수 있는 사람, 모든 것을 상대화시킬 수 있는 사람, 그래서 초월하는 사람, 끝까지 입가에 웃음을 지을 수 있는 유쾌한 사람, 그가 이방인이다. 왜냐하면 이방인은 너털웃음의 사람이기 때문이다.

버거의 입가에 머물던 미소가 문득 떠오른다. 1970년대 당시 제3세계 연구를 위해 동남아시아 방문했을 때 아이들이 자기를 보고 "코작, 코작"하고 따라다녔다는 것을 스스럼없이 이야기하던 그를. 그 이야기로 그의 카리스마에 잔뜩 주눅 들어 학생의 숨소리만 들릴 뿐 적막만이 감돌았던 강의실은 순간 한바탕 웃음바다로 변했다(〈코작〉은 1970년대 방영되던 미국 드라마다. 거기에 등장하는 주인공 형사 코작의 연기자는 텔리 사발라스Telly Savalas로 대머리다. 그는 역시 대머리인 버거 교수와 얼핏 보면 비슷하게 생겼다).

인생을 재즈처럼

이방인은 프로그램되지 않는 인간이다. 그렇게 되기를 거부하는 인간이다. 순응의 인간이 결코 아니다. 그런 점에서 계획 없는 인간이다. 그 계획은 사회라는 세상이 짠다. 그래서 계획 없는 인간은 즉흥의 인간, 즉 임프로비제이션improvisation의 인간이다.

　이방인은 음악으로 치면 재즈다. 조금 거칠게, 그리고 과장해서 말하면, 고전 음악에 비해 상대적으로 재즈는 규칙 없이 흐른다. 재즈에 유일한 규칙이 있다면 규칙 없이 흐른다는 것이다. 어떤 곡을 악기 하나로 연주를 해도 시시각각 다를 수 있는 게 재즈다. 그래서 재즈는 같은 곡이라도 천의 얼굴을 보여준다. 때로는 엇박자로 서로 다른 악기가 들어가고 싶을 때 들어가고 나가고 싶을 때 나간다. 엄격한 형식도, 그 어떤 틀도 존재하지 않는다. "재즈에선 틀린 음이라는 것은 없다. 연주한 그다음 음이 그게 맞는 것인지 혹은 그른 것인지를 결정한다. (중략) 거기에 있는 것을 연주하지 말고 거기에 없는 것을 연주하라." 미국의 재즈 트럼펫 연주자 마일스 데이비스Miles Davis의 유명한 말이다. 비록 잘못된 음이라 할지라도 그른 것이 아니게 만드는 연주자들의 신기에 가까운 진행. 영어로 이것을 '플레잉 바이 이어playing by ear'라고 표현한다. 악보 없이 귀로 들으며 하는 연주, 즉 즉흥연주를 말한다. 귀로 들어 즉석에서 행하는 연주는 재즈의 최대 특징이자 강점이다.

그런 재즈음악 같은 삶을 제대로 사는 이가 바로 이방인이다. 그는 악보 없이 즉흥연주를 하듯 그렇게 살아간다. 가고 싶은 곳도 정해진 곳이 없다. 하고 싶은 것도 정해진 게 아니다. 그저 물 흐르듯 흐른다. 물체로 치면 액상이다. 액체와 같다. 액체는 고정된 형체가 없다. 담는 용기에 따라 형태가 자유자재로 바뀐다. 그것의 모양은 찰나적이다. 또한 그것은 경사가 있는 곳이면 높은 곳에서 낮은 곳으로 자연스럽게 흐른다.

그래서 손해를 볼 때도 많다. 게다가 이방인은 대부분 환영받지도 못한다. 왜일까? 그에겐 정해진 게 없어서다. 오직 그를 환영하고 그에게 열광할 수 있는 것은 특별한 부류의 사람뿐이다. 자유로운 영혼이다. 어느 한곳에 얽매이지 않는 자유의 신봉자, 경직된 사고가 아닌 유연한 사고를 가진 자, 그들이 누구인가? 이방인을 있는 그대로 받아들이며 인정해주고 환영해주는 이들은 이방인의 기질을 갖고 있는 사람이다. 곧 이방인인 것이다.

그런데 우리는 여기서 액상이 품은 다른 귀한 차원이 있음을 명심해야 한다. 영어에서 익살과 해학 그리고 위트를 뜻하는 유머humor는 라틴어 '후모레스humores'에서 나왔다. 이 말의 원래 뜻은 '액체liquid, fluid'이다. 즉, 너털웃음의 사람이 곧 물과 같은 사람인 것이다. 그리고 재치를 뜻하는 영어 위트wit는 고대 게르만어 위티witi에서 나왔다. 그것은 고대 인도유럽어인 위드weyd에서 유래했다. 고대 인도유럽어족과 같은 계통인 산스크리트어 동사어근도 위드ueid로 발음이 같다. 위드weyd, ueid의 뜻은 둘 다 '보다', '알다'이다. 현대 독일어의 비츠witz, 네덜란드어 비트weet, 스웨덴과 노르웨이어의 베트vett가 다 위드에서 유래했다. 그리고 위드에서 파생한 다른 단어로 지혜wisdom가 있다.

한마디로 정리하면 이렇다. 무엇에 대해 아는 사람, 지혜가 있는 사람, 너털웃음의 사람, 재치 있는 사람, 유머가 있는 사람, 감각이 있는 사람. 그는 물과 같은 사람이다. 아니, 정확히 말하자면 물인 사람이다. 어떠한 격식과 틀(혹은 규칙)로부터 자유로운 사람이다. 그는 유연성 그 자체다. 경직과 애초에 떨어진 자다. 그는 물로서 흐른다. 물은 찰나적이다. 한번 흐른 물에 두 번 다시 발을 담글 수 없다. 데이비스와 함께 활동했던 재즈 피아니스트 행콕Herbie Hancock은 재즈가 "찰나적 존재에 관한 것about being in the moment"이라고 말했다. 물이 재즈이며 재즈가 물인 것이다. 그것은 별처럼 순간 명멸했다 사라지는 것이다. 이방인은 마치 이와 같다. 그런 물이다. 그런 재즈다. 그렇게 물과 재즈, 이방인은 유연하게 흐른다. 비록 그가 만든 흐름이라도 한순간에 바꾸면서 자유롭게 흐른다. 그는 유머이며, 재치이며, 참신함이며, 창의이며, 지혜다.

즉흥의 달인, 이방인! 그는 자유인이다. 그러니 세상이여 이방인의 창의성을 허하라. 세상의 낡고 협소한 틀에 이방인을 가두려 하지 마라. 그의 어설퍼 보이는 새로운 시도에 콧방귀 뀌지 마라. 그에게 아량을 보이라. 그게 바로 토박이인 자신들을 위한 것일 수 있으니 이방인의 엉뚱함을, 참신함을, 웃음을 허하라. 언제나 구원은 외부에서 오는 것이니까.

19   소음과 침묵

침묵은 말보다 더 웅변적이다.
_토머스 칼라일

시류

다음은 호주의 작가 톨츠Steve Toltz의 소설 《전체의 한 부분A
Fraction of the Whole》에 나오는 문장이다.

나에겐 여러 개의 딱지가 붙여졌다. 어떨 땐 범죄자로 또는 무
정부주의자로, 어떨 땐 반역자 또는 인간쓰레기로도 불렸다.
그러나 철학자 딱지가 붙은 적은 없다. 그게 나로선 매우 슬프
다. 왜냐하면 나는 철학자이기 때문이다. 나는 시류the common
flow에서 떨어져 나간 삶을 택했다. 나는 시류가 역겨웠을 뿐
만 아니라 그 흐름의 논리에 의문을 제기했기 때문이다. 그뿐
만 아니라 나는 그런 흐름 자체가 실제로 존재하는지도 솔직

히 모르겠다. 왜 내가 굴러가는 그런 바퀴에 나를 묶어두어야만 하는가? 그런 바퀴 자체는 우리를 노예로 삼으려고 만들어진 하나의 허구, 날조, 그리고 공통의 환상일지도 모르는데 말이다.

비록 허구의 작품 속에 나오는 문장이지만 나는 이것이 마음에 꽤 든다. 저항이 시류에 영합하지 않는 것이라는 점을 제대로 보여주는 문장이기에 그렇다.

시류와 관련된 시대정신Zeistgeist이라는 말이 있다. 당대에 팽배한 지배적인 정신을 말하는데, 18세기 독일의 철학자 헤르더J. G. Herder가 만든 것으로 알려졌다. 그런데 그 말이 요즘 한국 사회에서는 잘못 사용되고 있는 듯 보인다. 시대정신에 부합해 살아야 한다는 뜻으로 말이다. 주로 무식한 정치인 입에서 그런 식의 용법이 자주 나타나는데, 원래 그 말은 지배적인 정신과 거리를 두는 것이 상책이라는 부정적인 의미로 쓰였다. 대표적 예가 케임브리지대 교수였던 잉게William R. Inge다. '우울한 학장The gloomy dean'이란 별명을 가진 잉게는 다음과 같은 말을 1911년 행했던 시온 칼리지Sion College의 연례강연과 그의 일기에 남겼다. "만일 당신이 시대정신과 결혼하면 바로 미망인이 된 자신을 발견하게 될 것이다."

시대정신과 결혼하지 못해 안달하는 보통 사람과 달리 이방인은 시대정신과 엮이지 않으려 기를 쓰고 도망 다니는 자다. 그는 차라리 독신을 고수하면 하지 시대정신과 결혼해 곧 미망인으로 남으려는 우를 범하지 않는다. 그는 시대정신의 허망함에 대해 누구보다 잘 안다. 그것 자체가 날조, 허구이며 어쩌면 진정으로 존재하는지조차도 의문시하는 사람이다. 하여 이방인은 도도하고 거대하게 흐르는 시류에도 아랑곳하지 않으며 마치 알을 낳으려 자신의 시원始原으로 돌아가려는 연어처럼 그것을 담대히 거슬러 올라가는 자다. 그래서 그의 저항은 처절하다. 시류에 거슬리면서 그의 모든 것은 파괴된다. 살점이 뜯겨나가고 모든 진이 빠져나간다. 시원에 도달하자마자 그는 곧 지쳐 생을 마감할 정도로 온 기력을 다 저항에 소진한다. 시류를 타고 영합하는 자의 어깨와 몸에 부딪치고 그들에 의해 넘어지고 그들에게 손가락질과 온갖 모멸을 받아야 시원에 도달하기 때문이다. 그 길은 실로 협소하기만 하고 마지막 관문은 좁디좁은 문이다.

뻗댐과 파열

저항은 파열을 전제로 한다. 특히 저항하는 자 자신의 파열이다. '내'가 사는 세상에 대한 저항은 그 세상을 깨부술 뿐만 아니라 '나' 자신도 파괴한다. 그것은 그 세상에 물들었던 '나'다. 그것이 깨어지지 않고서 다른 것을 받아들이는 것은 절대로 불가능하다. 그런 점에서 이방인은 자신이 먼저 깨진 자다. 과거의 자기를 깨고 과거에 자신이 몸담았던 세상을 깬 자다.

뻗댐, 즉 저항은 결국 기존 질서와 가치를 운반하는 거대한 시류에 의문을 제기한다는 것이다. 시류에 영합한 사람이 그들이 당연시하는 것에 대해서 확신을 갖고 단정적으로 말할 때, 딴지를 거는 것이다. 토를 다는 것이다. 묻는 것이다. 그런데 묻는다는 것은 무엇인가? 그것은 무엇을 전제로 하는가? 바로 다른 대안의 가능성을 전제로 한다. 그것에 대한 기다림을 전제로 한다. 다른 대안의 가능성의 기다림을 전제로 하는 게 바로 물음의 본질이다.

그래서 기다림은 물음을 가져온다. 그런데 온전한 정신을 갖고 있는 사람이라면, 나란 무엇인가에 대해서 물을 수밖에 없다. 과연 루미 같은 신비주의 사상가 같은 사람만 나 자신에 대해 묻는가? 아니다. 그 물음은 인간이 사춘기로 접어들게 되면서부터 본격적으로 시작된다. 그러나 질풍노도의 시기를 지나면서 각자의 삶의 부침 속에서 깨어지고 생존을 위해 발버둥 치면서 그런 물음은 사치로 변한다. 게다가 자신에게 딸린 피붙이가 하나둘 늘어나면 그것은 사치의 지위마저도 상실하여 단지 골방 속에 처박아 둔 고리짝 취급을 받는다.

급기야 의문 자체는 사장된다. 그러나 언젠가 살아 꿈틀거리며 터질 휴화산일지언정 완전히 죽어버린 사화산일 수 없다. 그것은 언젠가는 터져버릴 용암을 품고 있다. 그 용암의 분출을 격발하는 자, 과감히 폭발을 감행하는 자. 그가 바로 이방인이다. 기다림을 통해 물음의 용암을 분출하는 자. 물음의 휴화산을 활화산으로 만드는 자. 이방인이여 어서 터트리라, 그대의 의문을! 그대의 기다림의 기다림을!

잠자지 않을 테야

불면증으로 고생해본 적이 있는가? 다들 잠들어 있는데 혼자 깨어 있는 것은 엄청난 고통이다. 불면증은 일상생활을 거의 불가능하게 만든다. 낮에는 거의 가수면 상태에 있는 것처럼 멍하기 일쑤고 일에 능률이 잘 오르지 않고 신경이 예민해져서 짜증이 많이 난다. 그러나 밤이 되면 이상하게도 정신이 말똥말똥해진다. 잠자리에 들면 그것은 더 심해진다. 불면증이란 그렇게 고통스럽다. 다들 자는 세상 속에서 홀로 깨어 있는 외로움, 그것 자체만으로도 육체적 고통을 능가한다.

사회란 세상은 데스모스의 상태, 즉 어디에 매여 있는 상태, 마치 잠자는 상태에 빠져 있는 것이다. 시류 혹은 시대정신에 영합하고 그 거대한 물줄기에 몸을 맡기는 것은 곧 잠에 빠진 것과 같다. 그것을 거슬러 올라가는 것, 그것에 뻗대는 것은 잠에 빠지지 않고 깨어 있는 것을 말한다. 모든 사람이 그 잠에 빠져 있으니 결국은 홀로 잠자지 않으려 무진장 애를 쓰는 것을 의미한다. 소로 식으로 이야기하면, "소음과 경박한 행위자들로 이루어진 세상 속에서 한쪽으로 비켜서 '나는 단순하게 있을 거야I will simply be'"라고 하는 것이다. 이것만으로, 즉 이렇게 단순하게 '잠자지 않을 테야' 하는 것 자체가 실행되면 이것은 그에게 엄청난 고통을 안겨다 준다. 마치 불면증에 걸린 이가 겪는 고통을 안긴다.

이런 불면증에 걸린 사람, 그가 바로 이방인이다. 그는 시류에서 비켜서 "단순하게 존재하기 위해" 잠이 몰려와 내려 앉는 눈꺼풀을 억지로 올리는 자다. 잠을 쫓기 위해 자신의 허벅지를 마구 찌르는 자다. 소로는 저렇게 시류에서 비켜서 있기를 시도하는 행위를 매우 "고결한" 것으로 칭송했다. 맞다. 그것은 박수를 받아 마땅한 용감한 행위와 태도다. 그러나 그런 박수를 받기 전에 그는 자신의 살점과 온 영혼이 뜯기는 자기 파열의 쓴맛을 봐야 한다. 극심한 불면증과 고독의 질병을 짊어져야 한다. 그게 바로 이방인의 운명이다.

고대 로마의 정치가였던 페트로니우스Petronius가 처음 썼다고 알려졌으나 그것을 증명할 단서가 아직 발견되지 않은 유명한 라틴어 문장이 있다. '문두스 불트 데키피 에르고 데키피아트르Mundus vult decipi, ergo decipiatur'로 뜻은 '세상은 속고 싶어 하니 속게 내버려 두라'다. 여기서 세상은 세상 사람을 말한다. 즉, 시류에 잘도 영합하는 사람을 말한다. 시대정신은 거짓과 기만인데, 그것의 흐름에 타기를 간절히 원하는 것은 곧 자진해서 속을 것을 원하는 것과 마찬가지다. 그러니 그렇게 속게 놔두라는 말이다. 그러나 이렇게 말하는 자, 즉 3인칭의 화자는 누구인가? 그는 그렇게 속기를 원치 않으며, 그렇게 살기를 원치 않고 거기서 빠져나오길 간절히 원하는 사람이다. 즉 시류에 영합하는 것이 세상 사람과 함께 다 같이 잠을 자는 것이라면 단호히 불면하기를 원하는 자다. 깨어 있음을 선언한 자다. 그것은 시대정신, 시류에 결코 속지 않겠다는 단호한 의지를 보인 것이다. 나는 이것을 말한 최초의 사람이 정확히 누군지는 모르지만 그는 반드시 이방인이 될 자격이 충분히 있다고 생각한다. 소로의 말처럼 "진정한 삶은 우리가 꿈에서 깨어 있을 때"이므로.

남대문 시장

남대문 시장에 가본 적 있는가? 어렸을 적 어머니 손을 잡고 거기에 갔던 기억이 있다. 나는 시장이 그렇게 시끄러운 곳인지 그때 알았다. 나와는 안 맞는 곳이었다. 상인들이 질러대는 소리와 호객 행위에 나는 귀를 막았다. 귀를 막은 뒤 들려오는 먹먹한 웅성거림. 그날의 클라이맥스는 어머니가 지갑을 소매치기 당한 사건이었다. 아마도 어머니는 어린아이를 손에 이끌고 그 소란한 시장을 헤집으며 장을 보다 보니 소매치기에게 지갑을 털릴 정도로 정신이 없으셨던 게다. 그 뒷일은 잘 기억이 나질 않는다. 하지만 어린아이의 눈과 귀에 그곳은 아귀들이 넘쳐나는 아수라장 같은 곳이었다. 나는 그래서 지금도 시장과 마트 같은 곳에 가는 것을 꽤 싫어한다.

세상은 온갖 소음으로 더러워져 있다. 시류는 그럴듯한 속삭임으로 잔뜩 치장하고 사람의 혼을 쏙 뺀다. 정신을 못차리게 한다. 그리고 이곳저곳에서 퍼져 나오는 속삭임은 거대한 소음으로 바뀐다. 우리나라 찻집에서 들리는 사람들의 대화 주제는 대개 둘 중 하나다. 사람들은 찻집에 앉아 아이들 학교, 점수, 학원, 과외, 대학입시를 말한다. 아니면 아파트에 대해 말한다. 나는 그들의 소음 속에서 벗어나고 싶고 탈출하고 싶다. 그런 것을 공부해야 재산과 부를 얻을 수 있다고 말하지만 도무지 그런 소음이 나의 귀를 통과해 들어오는 게 너무 싫다. 그래서 나는 이 모양으로밖에 살지 못한다는 비아냥거림을 가장 가까운 사람으로부터 받고 있지만 어찌하랴. 생긴 대로 사는 수밖에.

톨스토이는 "하나님의 이름으로 순간을 멈추라. 하던 일을 중지하고 네 주위를 둘러보라"고 말했다(《문집Essays, Letters and Miscellanies》). 내가 이 대문호의 말에서 눈여겨보는 지점은 바로 "하던 일을 중지하고 순간을 멈추라"다. 나는 이것이 세상의 소음 속에 파묻혀 같은 소음을 내고 있는 우리에게 주는 귀중한 지침이라고 생각한다. 물론 이방인 빼고는 아무도 그 지침에 귀를 기울이지 않겠지만, 어쨌든 세상의 소음에 동조해 같은 소음을 얹어서 더 큰 소음을 만들고 있는 것을 중지하고 그 순간을 멈추면 뭔가 달라지지 않을까?

나는 그 방편 중 하나로 침묵을 떠올린다. 세상 사람은 그까짓 침묵이 무슨 대수냐고 말할지도 모르겠다. 그러나 나는 칼라일처럼 "침묵이 말보다 더 웅변적"이라고 생각하는 사람이다. 침묵을 무시하지 마라. 침묵은 말하는 것 이상의 힘을 갖는다. 그보다 더 큰 의미는 이것이다. 소음의 세상 속에서 말하지 않는다는 것은 바로 그 세상에 동조하지 않음을 말한다. 이상하게 들릴지 모른다. 고작 말하지 않고 입을 닫고 있는 침묵이 비동조이고 세상에 대한 뻗댐이라고?

그러나 침묵을 하찮게 여기는 것은 하나만 알고 둘은 모르는 것이다. 철학자 사르트르는 다음과 같이 꽤 그럴듯한 말을 했다. "노를 젓지 않는 사람만이 배를 흔들어댈 수 있다." 노를 젓는 사람은 배를 앞으로 나아가게 하거나 좌우로 빙빙 돌게 할 수는 있어도 배를 위아래로 흔들어댈 수는 없다. 그렇게 할 수 있는 이는 오직 노를 젓지 않고 뻗댄 사람이다. 가만히 있는 사람이다. 노를 젓는 나머지 사람의 행동에 합류하지 않고 노를 젓지 않는 이야말로 그 배를 전복시킬 수 있는 능력을 갖는다. 그러니 아무리 하찮게 뵈는 저항이라 할지라도 그것이 어떠한 나비효과를 빚어낼지 아무도 모른다. 더군다나 노 젓기를 마다하는 사람이 없는 세상에서. 그러니 지레 실망하거나 겁낼 필요는 없다. 그렇게 침묵하라.

그렇게 이방인은 소음으로부터 멀어진 사람이다. 소음에 귀를 막고 어떠한 소리도 안 내는 사람. 침묵으로써 소음이 커지는 것을 막는 사람. 그의 뻗댐은 많은 경우 침묵의 형태를 띤다. 그래서 이방인이 침묵할 때 세상은 그것을 간과할 게 아니라 눈여겨봐야 한다. 그의 침묵에는 세상에 대한 경고와 부인, 초월이 있다. 아일랜드의 극작가 오스카 와일드 Oscar Wilde의《윈더미어 부인의 부채Lady Windermere's Fan》에 나오는 구절처럼, 이방인은 시류에 영합한 "세상 사람 모두가 시궁창gutter"에 있는 동안 "별을 보고 있는 몇 명"의 사람이니 말이다.

고향, 어떤 이가 시작된 곳
_토머스 스턴스 엘리엇

정금 같은 내면

이방인은 무엇보다 내면이 강한 자다. 모든 시련이 그의 내면을 강하게 만든다. 그의 외부가 바뀌고 깨질수록 그의 내면은 더욱 단단해진다. 금을 잔뜩 달구어 망치로 내리치면 불순물이 제거되어 정금이 되듯, 이방인의 내면도 정금과 같이 단단해지고 순수해진다. 그렇다고 해서 이방인이 나르시시스트가 된다는 것은 결코 아니다. 그의 강한 내면에는 특별한 이유가 있다. 그것은 한시도 그가 고향에서 눈을 떼지 않고 있기 때문이다. 나르시시스트는 겉과 외부가 깨져 내면으로 침잠한 자, 그래서 시쳇말로 자뻑(스스로 '뻑' 하고 도취된) 상태에 빠진 자이지만, 이방인의 눈은 결코 자기 자신에게 고정되지 않는다. 그는 비록 그의 겉과 외부가 깨어져도 여전히 단단한 외부를 갈망하는 자다. 그에게 그것은 고향이다.

고향은 기다림이다. 이방인이 기다리는 것 중 가장 중차대한 것은 고향이다. 궁극적인 기다림은 결국 고향으로의 귀환, 즉 귀향인 것이다. 그는 고향을 이런저런 이유로 떠났다. 그러나 이방인이 여러 곳을 전전하며 방랑하면 할수록, 작가 디킨스Charles Dickens가 지적하듯 "더욱더 고향의 가치를 절감" 하게 된다. 고향으로부터 멀리, 더 멀리 떠나면 떠날수록 이방인의 눈이 고정되는 곳, 즉 미련이 남는 곳은 고향이다. 그것은 고무줄과 같다. 길게 늘이면 늘일수록 되돌아가려는 탄성력을 지닌 고무줄. 왜일까? 고향은 시인 엘리엇T. S. Eliot이 말하듯 "사람이 시작된 곳Home is where one starts from"이기 때문이다. 어떤 이의 역사가 시작된 곳이 고향이다. 따라서 고향을 떠난 자는 그곳을 그리워하고 그곳으로 귀환하기를 기다린다. 그러므로 고향은 단순히 "시발점일 뿐만 아니라 종착점"이기도 하다(슈츠, 〈귀향자The Homecomer〉). 그 기다림의 시간은 고통이다.

호메로스Homeros의 《오디세이아The Odyssey》에서는 귀환이 이방인에게 궁극적 기다림이자 목적이라는 것을 적나라하게 보여준다. 이방인 오디세우스의 절규가 그것이다. 그는 고향인 이타카로 돌아가지 않는다면 불멸을 주겠노라는 여신 칼

립소의 제안을 단호하게 물리친다. 그것은 고향으로의 귀환이 인간의 원초적 욕망이라는 것을 가감 없이 보여준다. 귀향, 그것은 불멸과도 바꿀 수 없는 거부할 수 없는 욕망이다.

인간은, 이방인은 왜 그토록 고향으로의 귀환을 그의 원초적 욕망으로 삼는 것일까? 이에 대해선 그리스의 비극작가 에우리피데스Euripides가 쓴 《메데이아Medea》가 참고할 만하다. 코린트의 여자들로 이루어진 코러스는 "고향을 잃은 것만큼 큰 고통은 없으며, 그것은 고통 가운데 가장 참혹한 고통"이라고 노래한다. 그러니 그런 고통을 치유하기 위해서는 잃어버린 고향을 되찾는 것이 상책인 것이다. 고향을 떠난 이방인이 귀향을 욕망하는 것은 매우 자연스러운 일이다.

멜랑콜리와 노스탤지어

앞 장에서 나는 창의성 있는 자, 곧 이방인을 너털웃음(유머)의 사람으로 묘사했다. 그러나 이는 동전의 양면 중 한쪽 면만을 지적한 것이다. 창의성 있는 자, 즉 창조자는 동시에 슬픔의 사람이기도 하다. 그 이유는 어떤 것도 그에게 만족을 주지 못하기 때문이기도 하지만 창조 행위 자체가 고독한 작업이기 때문이기도 하다. 창조는 자신이 창조한 것에 만족하지 못해 다시 만들고, 그 작업은 어느 누구도 대신하지 못한다. 그래서 창조자는 우울할 수밖에 없다. 그렇기에 아리스토텔레스가 "탁월한 창작자는 죄다 우울증 환자"라고 말했던 것이다.

이처럼 모든 이방인도 우울한 사람이다. 슬픔에 젖은 사람이다. 멜랑콜리melancholy의 사람이다. 그가 창의적이기에 떠안은 침울함이다. 그러나 세상의 방랑자, 이방인이 슬픔과 침울함에 잠겨 있는 근본적인 이유는 뭐니 뭐니 해도 그가 고향을 등졌다는 사실에서 찾아야 한다. 고향을 떠난 원죄! 멜랑콜리는 바로 원죄를 안고 있는 실향인 이방인에게 내린 천형이다.

따라서 이방인의 멜랑콜리는 노스탤지어와 상통한다. 즉, 이방인이 앓고 있는 향수병nostalgia이 멜랑콜리의 핵심이다. 노스탤지어는 그리스어 노스토스νόστος, nóstos와 알고스άλγος, álgos의 합성어로서, 각각의 뜻은 '고향으로 돌아감'과 '고통'이다. 고향으로 돌아가기를 간절히 원하는 것, 학수고대하는 것, 또 이런저런 사정으로 귀향이 지연되는 것은 이방인에겐 엄청난 고통을 안긴다. 그가 기다리는 것은 바로 귀향하는 날이다. 자신의 시원으로 회귀하려는 본능, 그것이 억제되고 지연될 때 그는 극심한 고통을 느낀다. 고향의 '고'자만 생각해도 그는 고통스럽다. 그리움에 사무친다.

고향을 향한 기다림 자체가 고통인 것이다. 만일 그런 기다림의 고통이 없다면 그는 결코 이방인일 수 없다. 어떤 이가 이방인인지 아닌지는 그가 고향에 눈을 고정하고 그곳으로 귀환을 꿈꾸고 있는가의 여부로 판가름 난다. 만일 그러하다면 그는 극심한 향수병에 시달려야 한다. 그것 또한 판가름의 잣대가 된다.

나의 아버지는 강화도가 고향이다. 연세가 드셔서 이제는 어디로 모시고 가려 해도 좀체 따라나서지 않으신다. 장시간의 여행은 안 하려 하신다. 그러나 가끔 강화도에 가자고 하면 말만으로도 입가에 미소가 떠오르신다. 그만큼 고향은 좋은 곳인가 보다. 이렇게 노스탤지어에 빠진 이방인에게 미소를 줄 수 있는 것은 고향으로 돌아가는 것밖에는 없다.

귀향

미국의 작가 제임스 볼드윈James Baldwin은 고향을 두고 "그것은 떠날 때까지는 없는 것이고, 떠나면 다시는 그곳으로 돌아갈 수 없는 곳"이라 말했다. 고향은 떠나야만 생기는 것이다. 떠나지 않고서는 고향이란 있을 수 없다. 고향은 오직 "추방 속에서만 빛난다"(하이데거, 《사유의 경험들Denkerfabrungen》).

그리고 그것은 아그네스 헬러Ágnes Heller가 짚었다시피 반드시 "낯선 타지alien places"가 전제되어야 한다(《근대성이론A Theory of Modernity》). 그러니 추방과 낯선 타지 없이 고향이 있을 리 만무하다! 여기까지는 무리 없이 이해가 된다. 그러나 떠나면 다시 돌아갈 수 없는 곳이 고향이라니 도대체 이것은 무슨 말인가?

왜냐하면 고향에 돌아온 이도 이방인이기 때문이다. 그의 겉과 속이 고향의 토박이와 비슷해 보일지 몰라도 그는 이방인이다. 돌아온 고향에서도 어리바리한 이방인. 그는 자신의 고향의 토박이와 세상을 같이 살지도, 시간을 같이 보내지도 않았다. 아니, 슈츠의 말대로 함께 늙지 않았기 때문이다. 귀향자는 토박이와 동족같이 보여도 결코 한 동족이 될 수 없다. 한 몸이 될 수 없다. 슈츠는 이것을 전장에서 돌아온 한 군인의 예를 들어 설명하는데 그가 겪는 상황을 아노미로 묘사한다. 전쟁터에서 귀향한 퇴역 군인은 적과의 관계뿐만 아니라 자신의 고향 사람에게서도 거리감을 느끼게 된다. 그들에게 소속되지 않는다는 거리감 말이다. 그렇게 돌아오기만을 학수고대하던 고향에서 느끼는 거리감이라니, 그것은 "엄마 잃은 아이motherless child"의 것과 같이 막막한 것이다(슈츠, 〈귀향자〉).

환향 그리고 화냥

흔히 자기 남자를 두고 딴 남자와 놀아나는 여자를 두고 화냥기 있다고 한다. 그 말이 우리나라의 서글픈 역사에 유래한다는 것은 널리 알려져 있다. 병자호란으로 애꿎은 여자들이 청나라로 끌려갔고, 그 뒤 돌아온(환향) 여자를 오랑캐의 성노리개였다며 손가락질하며 핍박하고 기피한 데서 화냥녀라는 말이 나왔다. 못난 남자의 잘못으로 포로가 되어 잡혀갔던 여인들이 고향에 돌아와 따뜻한 위로와 치유를 받기는커녕 더러운 낙인까지 찍힌 것이니 어불성설이다.

청나라에 끌려갔던 조선의 여인이 얼마나 고향으로의 귀환을 학수고대했을까. 그러나 간절히 원했던 환향에서 그들이 맞닥뜨린 것은 그들이 도저히 예상치 못했던 것이었다. 그것이 단지 성적 오염을 당했다며 혐오스럽게 보는 눈빛뿐이었을까? 아니다. 그들과 함께 보내지 않은 시간으로 인한 괴리감이 환향한 여인네들에게 엄습했을 것이다. 그들은 화냥녀라는 더러운 낙인과 동시에 고향에 남아 있던 친지들과의 거리감으로 괴로웠을 것이다. 얼마나 억울하고 분했겠으며, 어이가 없고 황망했을까. 그것은 분명 슈츠가 이야기한 아노미적 상황이다.

비록 그녀들처럼은 아니지만 귀향자의 아노미적 상황을

나도 개인적으로 경험한 바 있다. 미국 유학을 마치고 귀국한 후 나는 바보가 된 느낌이었다. 오매불망 기다렸던 고국과 고향. 그런데 고국과 고향은 분명히 나와 따로 돌아가는 톱니바퀴였다. 나와는 전혀 무관하게 별개로 돌아가는 톱니바퀴. 아귀가 맞지 않고 서로 따로 도는 톱니바퀴. 그것은 분명 내가 느낀 고향이라는 세상과의 거리였다. 지하철에서 쏟아져 나온 수많은 사람을 보고 언뜻 미국에 처음 내려 느낀 공항의 화장실 냄새, 그 이상한 소독약 냄새가 다시 나는 듯했다. 분명 소독약 냄새는 아니지만 그것을 뛰어넘는 이상함이었다. 돌아온 고향에서 나는 미국 애들이 보기 싫어 계단을 홀로 이용해야만 했던 때로 다시 돌아간 느낌이었다. 나홀로 외톨이가 된 느낌. 나 홀로 이방인이 된 느낌을 고향에서 느낀 것이다.

그것은 정녕 괴이한 경험이었다. 너무도 낯익은 곳에서, 꿈에서도 그리던 고향에서 낯섦을 느끼는 것. 그것은 바로 이화異化였다. 인간은 상호작용의 존재다. 따라서 내가 느끼는 이화는 상대방도, 즉 고향에 남아 머물러 있던 가족과 친구, 친지도 역시 나에게서 느끼게 되는 것이다. 그들에게 무슨 잘못이 있으랴. 또 나에게 무슨 잘못이 있으랴. 그 모든 것은 함께 시간을 보내지 못했기 때문이다. 각기 다른 장소에서 다른 시간을 보낸 연유다. 함께 늙어가는 것을 보지 못했기 때문이다.

그러니 귀향자는 이래저래 이방인이다. 고향을 떠나도 이 방인이며 고향에 돌아와도 이방인이다. 그는 고향에 돌아와 도 그토록 찾고 싶어 하던 고향을 결코 찾지 못한다. 타지에 서 생각만 하면 눈물로 베개를 적시게 했던, 그렇게 돌아가 고 싶어 했던 과거의 고향은 더 이상 없다. 더 이상 존재하지 않는다. 군대에서 제대해 돌아와도, 복학을 해도, 먼 여행길 에서 상당 시간 있다 돌아와도 오랜만에 만난 고향의 사람과 의 거리와 그 이상함은 어김없이 불쑥 고개를 내민다.

1863년 스페인에서 태어나 9살에 미국 보스턴으로 건너 가 공부해 하버드대 철학과 교수까지 했던 조지 산타야나 George Santayana는 나중에 고국 스페인으로 돌아갔을 때의 느 낌을 다음과 같이 회고했다. "나는 스페인에서 이방인이었다. 미국에서 느꼈던 것보다 더."(Park, 《인종과 문화》). 그러니 "고 향이란 아마도 어떤 장소가 아닌 단지 하나의 돌이킬 수 없 는 조건an irrevocable condition"이라고 말한 볼드윈이 제대로 관 찰한 것이다. 작가만 이런 사실을 간파했을까? 아니다. 고향 으로의 귀환 불가능성은 칸트와 키르케고르 같은 철학자도 공히 짚었던 사실이다. 헤라클레이토스Heracleitos의 "두 번 다 시 같은 강물에 들어갈 수 없다"는 말을 상기하라. 그대의 과 거의 고향은 더 이상 존재하지 않는다. 그것은 신기루이고 허상이다. 하여 그대의 고향은 미래에 있다. 그것을 찾는 것이 그대의 일생일대의 과업이다. 그러니 존재하지 않는 과거의 고향에 대한 미련을 버려라.

가엾은 이방인 그대여.

그대, 과거의 고향으로 다시는 돌아가지 못하리.

향수의 철학, 혹은 향수의 사회학

철학은 어디에서나 고향을 찾는 것이다. 하이데거는 중세의 한 시인의 글을 인용해 철학이 향수와 긴밀히 연결된다고 말한다. 그에게 있어 철학을 한다는 것은 곧 "어디에서나 고향을 찾으려는 열망"이다(《형이상학의 기본 개념》). 역설적이게도 그것은 모름지기 철학자라면 어느 곳에서건 고향을 발견하지 못하고 끊임없이 고향을 찾아나서야 한다는 것을 말한 것인지도 모른다.

다시 말해, 어디에서든 고향을 찾지 못하며 그러므로 절실하게 갈구하고 있음을 말한다. 이런 태도는 보통 사람의 태도와는 완전히 상반된 것이다. 그래서 철학을 한다는 것은, 그리고 철학자라는 것은 보통의 세상 사람과는 판이한 경로를 밟는 것이다. 형이상학metaphysics에서 '형', 즉 '메타μετα, meta'는 '뒤, 넘어서, ~와 함께'란 뜻을 갖고 있다. 그러나 하이데거는 메타가 "태도의 전환"과 "어떤 것에서 떠나 다른 어떤 것으로"라는 뜻도 갖고 있음을 지적한다.

이와 유사하게 헤겔은 철학을 "세계를 뒤집어놓는 것 inverted world"으로 규정했다(《정신현상학Phenomenology of Spirit》). 다시 말해 헤겔이나 하이데거가 보는 철학이란 세상과 반대 방향을 타고 시류를 거슬러 올라가는 것을 의미한다. 이는 사람이 현재 자신이 거한 곳에서 고향의 편안함을 느낄 때, 철학자는 향수병에 여전히 몸살을 앓고 있는 것을 의미한다. 즉 대부분의 사람에게서 향수병의 기미를 찾아볼 수 없을 때, 철학자는 그런 곳에서 고향을 갈구한다. 현재 그가 거한 곳을 고향처럼 편한 곳으로 여기지 않는다.

그런데 철학만이 세상을 뒤집어놓는 것이 아니다. 사회학도 그렇게 세상을 뒤집어 보려 한다. 뒤집어놓으려 한다. 그것은 이방인도 마찬가지다. 이 책 맨 앞부분에서 살펴보았던 세상의 자연적 태도에서 벗어나려 애쓰는 사람, 그들이 바로 철학자요, 사회학자요, 이방인이다. 그들은 자연적 태도를 철저히 도외시한다. 그들이 가장 하찮게 여기는 것이 바로 자연적 태도다. 그러려면 그것이 무엇인지를 먼저 파악부터 해야 한다. 그래서 자연적 태도는 그들에겐 핵심적인 탐구 주제 중 하나이기도 하다. 기막힌 역설이다.

자신이 속한 세상의 자연적 태도에 의문을 갖고 그것에 뻗대며 그것을 거슬러 올라가려는 자는 이미 이방인이다. 이것만 되면 그는 이미 철학자요, 사회학자요, 초월자다. 그 앞에는 이미 세상이라는 감옥의 철창이, 그리고 그 벽이 뚫어졌다.

진정한 공부란

"자신의 고향을 감미롭게 여기는 사람은 유약한 초보자다. 세상의 모든 곳을 고향으로 여기는 사람은 이미 강한 자이다. 그러나 온 세상을 타향으로 느끼는 사람이야말로 완벽한 자이다." 12세기 프랑스의 신비주의 신학자 생 빅토르의 위그Hugues가 쓴 《공부Didascalicon》에 나온 말이다. 위그에 말에 비추어보면 "나는 한 귀퉁이에서 태어나지 않았다. 전 세계가 나의 고향이다"라고 말한 세네카 같은 이는 이미 상당한 내공을 갖춘 인간이다. 그러나 그보다 한 발 더 나아간 이는 바로 전 세계를 타향으로 여기는 사람이다. 거기에서 고향을 발견하지 않는 자다. 위그에 따르면 그것이 공부해서 도달할 수 있는 최고 수준의 경지다.

공부는 고향을 떠나는 것이다. 책상머리에 앉아 하는 것이 공부가 아니다. 낯익은 곳(고향)으로부터의 탈출이, 즉 거기에 안주하지 않고 떠나는 것, 그 떠남에 끝이 없는 것, 그것이 바로 공부다. 닫힌 창을 활짝 열어 제치는 것이 공부인 것이다. 그리고 자신만의 고향을 찾아 다시 떠나는 여정, 그게 공부다. 그것은 자신이 떠나온 곳을 고향으로 삼지 않는다. 그런 것이 아예 존재하지 않는다는 것을 아는 지혜, 그러한 지혜를 추구하는 것이 공부를 통해 알아가는 과정이다.

그리하여 가장 적합한, 가장 만족한, 가장 안락한, 가장 위안이 되는 곳을 찾아 끊임없이 떠나는 것이 공부다. 세상을 완전히 타향으로 삼는 것, 세상에서 고향을 다시는 찾지 않는 것, 세상을 항상 낯설어 하는 것, 그것이 공부며, 그것이 철학 함이며, 그것이 사회학 함이며, 그것이 바로 인간이 되는 것이다. 자기 자신을 생이 다하는 날까지 낯선 자의 위치에 놓는 것, 즉 이방인으로 남는 것, 그것이야말로 인간 본성의 가장 핵심에 자신을 위치시키는 것이다. 이방인으로서의 인간은 그렇게 함으로써 희열을 만끽할 수 있다. 그렇게 함으로써만 이방인인 인간은 자신에게 충실할 수 있다.

터미널에 갇혀 오도 가도 못하고 그곳에서 숙식을 해야 하는 한 여행객을 그린 영화 〈터미널The Terminal〉에서 모든 숙제를 마친 주인공(톰 행크스)이 마지막으로 한 말은 '고잉 홈going home', 즉 '이제 고향으로 돌아간다'였다. 그의 최종 목적은 '고잉 홈'이다.

그렇다면 묻고 싶다. 당신 인생의 최종 목적은 무엇인가?

코로나, 현대인 그리고 이방인[*]

현대, 이산의 시대

현대는 그야말로 이산離散의 시대다. 많은 사람이 자신의 본 거지를 떠나 부유한다. 그래서 이산의 시대는 각양각색의 사람이 함께하는 공존의 시대다. 가지가지 하는 사람이 '내' 주위에 포진해 있다. '나'는 그들과 함께 일해야 하고, 함께 시간과 공간을 나누며 살아가야 한다. '나'는 그들의 고향을 모른다. 그들도 '나'의 고향을 모른다. 그들의 고향과 '나'의 고향은 다르다. 심지어 그들도, '나' 자신도 고향이 어디인지 정

---

[*] 이 에필로그는 《사회이론》(2021년 봄/여름)에 실린 "코로나19와 이방인: 현상학적 조망에서" 중 일부를 발췌해 수정한 것이다.

확히 짚을 수 없다.

현대는 떠남도 고향으로의 귀환도 특별한 것이 아니다. 그것은 아예 일상화되어 버렸다. 너무 자주 일어나는 바람에 그리 되어버린 것이다. 떠남과 귀환이 마치 밥 먹는 것과 같은 일상이 되어버린 이산의 시대라서 고향에 대한 특별한 감정은 퇴색되어 버렸다. 헬러는 전 세계 대학에 강연을 다니며 전혀 낯섦을 느끼지 못했음을 고백한다. 먹는 것, 마시는 커피, 돌아오는 질문 등이 대개 비슷하고 낯익은 것이다. 그녀는 방문한 전 세계의 대학이 "전혀 낯선 장소가 아니다. 그렇다고 해서 그곳이 고향인 것도 아니다"라고 말한다. 나아가 헬러는 이렇게 이산의 시대를 사는 현대인이 고향을 불분명하게 느끼는 것과 관련해 "현대인 모두는 자신들이 지상을 방문한 방문객처럼 여길 공산이 크다"고 짚었다(《근대성이론》).

일상화된 귀향은 고향의 의미를 잃어버리게 했고, 그럼으로써 이산의 시대는 현대인에게 불분명한 고향을 선사했다. 그런 의미에서 현대인은 고향을 잃어버린 것이다. 고향을 잃어버린 현대인의 색깔은 무채색이다. 마치 노인과 어린아이 같이 특정 사회의 색깔이 덧입혀 있지 않은 무채색 인간, 그들이 바로 오늘을 사는 현대인이다. 고향을 잃은 사람은 의심의 사람이며, 매사를 숙명으로 받아들이지 않고 받아치는 사람이다. 그들에게 당연시되는 것은 없다. 그것은 그들에게 주어진 역할에 대한 태도에도 그대로 적용된다. 그들에게 주어진 사회적 역할은 더 이상 숙명적 족쇄가 아닌 언제든 벗어던질 수 있는 가벼운 외투와 같다. 그래서 현대인은 어느 한곳에 정박되지 않은 부초와 같다. 그런데 그게 바로 이방인이 아니고 무엇이랴. 따라서 이산의 시대를 사는 현대인을 이방인으로 규정하는 것은 전통 사회의 사람을 이방인으로 분류하는 것보다 훨씬 쉬운 일이다.

코로나19, 모든 이에게 고향을 안기다

코로나19 사태는 전 세계적인 대사건임에 분명하다. 전 세계에서 수많은 인명 피해와 재산 피해를 냈으며 아직도 그 끝이 보이질 않는다. 그런데 코로나19는 사회학적 관점에서 매우 흥미로운 측면을 보인다. 단도직입적으로 말해서, 코로나19는 지구상의 모든 이를 이방인으로 느끼게 했다. 앞서 나는 이산의 시대로 묘사되는 현대적 상황 속 현대인을 이방인이라고 규정했지만 그렇다고 해서 모든 사람이 실제로 자신을 이방인으로 느끼는지 아닌지의 여부는 나의 규정과는 별개의 문제다. 나는 한 사람의 사회과학자로서 나의 견해를 그런 식으로 피력한 것일 뿐이다.

현대인도 경우에 따라 나처럼 자신을 이방인으로, 타인을 이방인으로, 세상을 이방인의 세계로 여기는 사람도 있을 것이다. 그러나 이들에 비해 덜 예민한 사람, 말하자면 둔감한 사람이 없으리란 법은 없다. 앞서 언급한 것처럼 아무리 떠남과 귀환이 일상화된 현대라 할지라도, 미국만 놓고 보더라도 자신이 살던 곳을 떠나 다른 지역(해외는 물론 미국 내에서조차도)을 가보지 않은 이들이 부지기수다. 아무리 이산의 시대라고 하지만 아직도 세계 구석구석에는 자기가 태어난 곳 말고 다른 세계로 떠나본 경험이 없는 이들이 엄연히 존재한다. 그러니 이산의 시대니 현대인이니 이방인이니 하는 말은 그들에겐 다 괜한 소리로 들릴 수 있다. 그 점에 있어서는 나도 수긍한다. 내가 말하는 이방인으로서의 현대인은 일종의 이론적 개념이니까.

그러나 코로나19는 이야기가 많이 다르다. 코로나19는 태어난 곳을 떠나본 적이 없는, 그래서 한 번도 자신을 이방인으로 생각해본 적이 없는 이들조차 이방인이 되는 특별한 상황을 만들었다. 낯선 타인은 물론 낯익은 이들조차 의심하게 했다. '혹시 코로나에 걸린 것은 아닌가?' 상대방이 기침만 해도 몸을 움츠리게 했다. 수시로 손을 닦고, 마스크를 끼고 아무리 잘 아는 이라고 하더라도 물리적 거리를 두었다.

이방인의 전유물인 거리 두기(심리적이고 물리적인)가 '사회적 거리 두기'라는 이름으로 실제적으로 생활에서 일어났다. 그것을 안 하려야 안 할 도리가 없다.

결국 그 거리만큼 안전했던 일상이 뒤틀려 버렸다. 교란이 일어난 것이다. 평온했던 일상이, 일상 속 타인이, 종국에는 자기 자신이 낯설어졌다. 이화가 일어난 것이다. 모든 것이 괴이하게 보이고 의심이 들기 시작했다. 이로써 과거엔 둔감했던 사람조차 일상을 더 이상 당연히 받아들이지 못하게 되었다. 심지어 사회조차 사라질 수 있다는 것을 알게 되었다. 거리에 사람이 사라지고, 차량이 끊기면 사회도 경제도 모든 것이 중지된다는 경험을 통해 말이다. 그 이전까지는 어림 반 푼어치도 없던 이야기다. 사회가 사라진다니. 경제가 다운된다니. 차량이 끊기다니. 가히 코로나19가 행한 모세의 기적이다.

그 기적은 또한 이 시대에 가장 둔감한 사람에게도 고향을 선사했다. 떠나본 적 없는 이들은 아직 고향을 가지지 못한다. 사람은 사는 곳을 떠나봐야 비로소 고향을 갖는다. 고향의 소중함을 안다. 그러나 그런 이들에게조차 코로나19는 고향을 안겼다. 살던 곳을 실제로 떠났느냐 아니냐가 문제가 아니다. 고향을 떠났을 때 벌어지는 모든 인식·의식의 변화를 경험했느냐가 고향을 소유했는지 아닌지를 가르는 잣대가 된다. 의심, 당연시 여김의 철회, 거리감, 이화 등이 고향을 소유하게 되었는지를 가늠하게 한다.

고향, 아무나 갈 수 없는 곳

"모든 인생은 고향으로 돌아가는 것. 판매원, 비서, 광부, 양봉업자, 곡예사 등 가릴 것 없이 우리 모두 죄다. 세상에서 쉼을 얻지 못한 영혼은 모두 고향으로 돌아가려 애쓴다". 영화 〈패치 아담스Patch Adams〉의 첫머리에 나오는 대사다. 그러나 코로나19로 인해 고향을 선사받은, 그래서 이방인이 된 아주 둔감한 사람조차, 과거에 안전했던 고향은 더 이상 없다. 이 책의 말미에 나는 귀향을 학수고대하던 이방인이 막상 귀향했을 때조차 이방인으로 남는다는 사실을 밝혔다. 돌아온 고향은 더 이상 고향이 아니라는, 과거에 내가 떠난 고향은 그 어디에도 없다는 인정하고 싶지 않은 서글픈 진실 말이다. 그런 고향은 환상 속에만 있다. 따라서 고향은 미래다. 미래가 고향이다.

미국에 있을 때 "네 나라로 꺼져!" 하는 욕을 길거리의 청소년에게 들었을 때 '그래, 내 나라는 나만 갈 수 있구나. 아무나 갈 수 없구나. 적어도 꺼져버리라는 말을 하는 너는 갈 수 없는 곳이구나'를 깨달았다. 그러니 그 말이 고깝게 들리지 않았다. 이화였다.

그렇다. 고향은 아무나 갈 수 있는 곳이 아니다. 고향이 미래에 있는 것이 분명하다면, 그곳이 내가 꼭 가야만 하는, 반드시 입성해야만 하는 곳이 분명하다면, 그런 확신이 있다면, 내가 들어갈 수 있다는 것은 영광이어야 한다. 그곳은 선택의 땅이다. 헬러가 이야기하듯, 그곳은 "위세가 있는 곳 privileged place이다. 데리다가 말하는 "최후의 고향", 그리고 "최후의 안식처"다(《환대에 대하여Of Hospitality》).

그곳으로 귀향하기 위해서는 특별한 자격이 필요하다. 그곳과의 합일이 있어야만, 코드가 맞아야만 그곳에 들어갈 수 있다. 그러면 비로소 입성을 통해, 하이데거가 말하는 "흔들림 없는 환희"나, 혹은 "엔소우시아스모스ενθουσιασμός, enthousiasmós"를 맛보게 될 것이다. 엔소우시아스모스는 엔세오스ένθεος, éntheos(신에 사로잡힌, 신으로부터 영감을 받은, 신과 하나 된)에서 파생된 말로 그 뜻은 '신을 만나 그것으로 충만한 상태에서 오는 희열, 열정, 또는 영감'이다.

그런 귀향으로의 참맛, 희열을 맛보기 위해서는 반드시 감내해야 할 것이 있다. "여기 사람이 아니죠?", "손님, 여기서 이러시면 안 됩니다" 하는 소리를 밥 먹듯이 들어야 한다. 또는 "여긴 어디? 나는 누구?" 하는 생각이 수시로 들어야 한다.

즉, 늘, 항상, 언제나, 어디서나 이방인이어야만 한다. 한곳에 빠져 나태함 속에서 자신이 이방인임을 망각해서는 안 된다. 편안한 상태에 자신을 결코 방치해서는 안 된다.

데이논이 몸에 밴 사람으로 행동하고 사고해야 한다. 그렇게 어느 곳에서든 편안함이 아닌 낯섦을 발견하고 추구하는 자가 되어야만 한다. 그것이 고향을 기대하고 고대하는 자의 본질적 자세다. 이방인인 그대여, 진정한 위안을 받고 싶다면, 진정한 진리에 도달하고 싶다면 한 발을 어쩔 수 없이 그대가 거하는 곳에 둘지언정 다른 발은 언제든 뺄 준비를 하라. 그대의 귀를 그대가 거한 곳의 소음을 듣는 데만 열어 두지 말고 고향에서 들려오는 희미한 목소리를 듣도록 촉각을 곤두세우라. 그 소리가 들려오는 곳으로 그대의 목을 학처럼 길게 빼고 눈을 고정시켜라. 고향에 돌아갈 때까지 끝까지 이방인으로 남으라.

진짜 에필로그

이 책은 이렇게 떠나고 만나고 헤어지고 다시 만나고, 언젠가는 정말로 모든 것과 헤어져야 하는 우리, 즉 이방인에 관한 이야기다. 인간 모두 이방인! 그런데 세상은 이방인의 기운이 물씬 풍기는 자와 그렇지 않은 사람들로 이루어져 있다. 말하자면 세상의 모든 사람을 일렬로 배열하면 일직선상의 양 끝에 놓인 두 점 사이 어딘가에 자리 잡을 것이다. 내가 이 책에서 궁극적으로 목적한 것은 바로 그 직선에서 독자를 이방인의 풍모가 물씬 풍기는 짙은 색 쪽으로 더 다가가게 하는 것이다. 그것이 진정한 당신 자신이 되는 길이라는 것을 강조하면서 말이다.

우리는 부지불식간에 이방인이 되고, 이방인 취급을 받고, 또 마찬가지로 다른 이를 그렇게 인식하고 대한다. 그런데 대부분 서로가 서로에게 이방인임을 눈치채지 못하고 살아간다. 이 책은 바로 그것을 정확하게 간파할 수 있는 감수성을 깨우고자 마련한 자리다.

나는 2014년 《이방인의 사회학》이라는 책을 출간했다. 그러나 그 책이 일반인에게 이해되기에는 거리가 있는 책이었나 보다. 전문 학술서적이라 그런지 어렵다는 이야기만 줄곧 도돌이표처럼 되돌아왔다. 톨스토이는 《안나 카레리나Anna Karenina》에서 "지적인 모든 것은 그저 지루할 뿐이다"라고 말했는데, 아마도 그 책은 거기에 해당했던 것 같다. 나는 나름 쉽게 쓴다고 신경을 썼는데 말이다.

그래서 이방인에 대한 대중서를 형식에 구애받지 않고 펜이 가는 대로 써보자고 일찌감치 마음먹었는데 이 책이 그

결과물이다. 이번에는 "흔하지 않을 것을 말할 때는 일상적인 말로 해야 한다"는 쇼펜하우어의 경구를 충실히 따르려고 노력했다. 그리고 톨스토이가 우려했던 지루함을 걷어내고 평범한 언어로 쉽게 읽힐 수 있게 이방인의 사회학을 다시 그려내리라 작심했다. 전의 책이 클래식이라면 이 책은 재즈다. 그러나 최대한 노력했음에도 얼마나 성공했을지, 지금 내가 판단할 수는 없다. 그 판단은 독자의 몫이다.

이 책을 이방인으로 접하며 책장을 넘기는 독자에게 건투를!

내 편이 없는 자, 이방인을 위한 사회학
익숙한 세계에서 낯선 존재로 살아가기

1판 1쇄 인쇄 2022. 2. 15.
1판 1쇄 발행 2022. 3. 7.

지은이 김광기

발행인 고세규
편집 박보람 디자인 홍세연 마케팅 고은미 홍보 이한솔
발행처 김영사
등록 1979년 5월 17일(제406-2003-036호)
주소 경기도 파주시 문발로 197(문발동) 우편번호 10881
전화 마케팅부 031)955-3100, 편집부 031)955-3200 | 팩스 031)955-3111

저작권자 ⓒ 김광기, 2022

홈페이지 www.gimmyoung.com   블로그 blog.naver.com/gybook
인스타그램 instagram.com/gimmyoung 이메일 bestbook@gimmyoung.com

좋은 독자가 좋은 책을 만듭니다.
김영사는 독자 여러분의 의견에 항상 귀 기울이고 있습니다.